ARTe CUCINA

Apoll

ARTe CUCINA

KUNST UND KOCHEN. BÜNDNERISCH

Rudolf Mirer und Rudolf Pazeller

Krähe mit roter Kirsche

INHALT

GRUSSADRESSE

ANDRÉ JAEGER

Wenn ich das Inhaltsverzeichnis lese, entstehen viele schöne Bilder in meinem Kopf und es kommen Erinnerungen hoch. Diese wiederum sind verbunden mit Sehnsüchten, Erlebnissen, Stimmungen und Wehmut.

Als begeisterter Schweizer schlägt mein Herz höher, wenn ich im Kochbuch «Arte Cucina» all die doch so geläufigen Namen wie Surselva, Puschlav, Schanfigg und und und lese. Als Koch sind natürlich auch die klingenden Namen meiner Kollegen ein zusätzlicher, wenn nicht Hauptanziehungsfaktor.
Viele kenne ich persönlich, viele vom Hörensagen, mit einigen bin ich seit Jahren befreundet und so macht es mir eine grosse Freude, dass ich meiner Begeisterung über dieses schöne Buch freien Lauf lassen kann.

Beide darin vorkommenden Rudolfe verehre ich. Den Bildenden wegen seines Schaffens und seiner eindrücklichen Werke, den Kochenden wegen seiner grossen Leistung, seiner unvergleichlichen Küche und dank unserer langjährigen Freundschaft. Und Rudolf Pazeller wäre nicht, wer er ist, wenn er das Buch alleine gemacht hätte. Er teilt und lässt seine Kollegen mit dabei sein, wenn er seine Heimat kulinarisch vorstellt. Das gefällt mir.

Gemeinsam ein Buch zu schaffen und Geschichten aus ihrer engeren Heimat zu erzählen, ist eine wunderbare Idee. Ob sich da zwei Künste treffen, überlasse ich dem geneigten Leser selber zu entscheiden.

Für mich treffen sich Synergien. Menschen mit Emotionen. Menschen die das Leben prägt, fordert und beflügelt.

Danke für dieses wunderschöne Buch. Es zeigt eine der schönsten Seiten unseres Landes, nämlich die Kulinarische. Da geht wirklich Liebe durch den Magen, aber auch durch die Seele.

André Jaeger

André Jaeger (64), Restaurant «Fischerzunft» in Schaffhausen, wurde 2010 vom Verlag Bertelsmann zum «Koch des Jahres» in der Schweiz ausgezeichnet. Bereits seit 1995 wird Jaeger von GaultMillau mit 19 Punkten bewertet, der höchsten in der Schweiz vergebenen Note, und zweimal zum Koch des Jahres gewählt.

GRAUBÜNDEN

EXCLUSIV

RENÉ CHATELAIN

Man nehme: Zwei bekannte Bündner mit Vornamen Rudolf, die miteinander seit über 50 Jahren befreundet sind, sorge dafür, dass sie sich zusammen an einen Tisch setzen – und schon ist die Idee geboren. Das vorliegende Kochbuch «Arte Cucina» (offensichtlich eine Wortschöpfung aus den Begriffen Kunst und Küche) ist ein künstlerischer Streifzug durch das Schaffen von Rudolf Pazeller, dem Gourmetkoch aus Tarasp und Rudolf Mirer, dem Kunstmaler aus Obersaxen, beides unbestrittene Koryphäen ihres Fachs. Über 70 Rezepte von 18 Köchen aus 14 Talschaften Graubündens wurden durch Rudolf Pazeller mit viel Liebe zum Detail zusammengetragen und in allen Details nachgekocht. Viele seiner Bündner Kollegen sind ihm dabei zur Hand gegangen. Die Illustrationen dazu tragen die unnachahmbare und unverwechselbare Handschrift Rudolf Mirer's.

Als weiteres Element zum Begriff «Arte» ist die CD mit Stücken der opera viva Obersaxen zu verstehen, die mit ihren italienischen Opern letztes Jahr bereits zum vierten Mal die Herzen bewegten. Gutes Essen und schöne Klänge gehören seit jeher zusammen.

Als Herausgeber der Magazine Graubünden Exclusiv und Top Köche Graubünden freut es mich besonders, dass wir dieses Kochbuch zusammen mit Thomas Mirer, dem Galeristen und Hanspeter Lebrument, dem Verleger und Präsidenten des Schweizerischen Zeitungsverlegerverbandes, realisieren durften. Uns verbindet eine über 20jährige Freundschaft und Partnerschaft.

Blumen
in Graubünden
2009
R. MIRER

DER KÜNSTLER

RUDOLF MIRER

Der 1937 geborene Rudolf Mirer ist einer der bekanntesten und erfolgreichsten Künstler der Schweiz. Der Bogen seiner künstlerischen Ausdruckskraft ist weit gespannt: er reicht von der Verbundenheit mit seiner Heimat, mit den Bergen und der Natur sowie der Tierwelt bis hin zu sakralen Themen und der Abstraktion.

Den Entschluss, Maler zu werden, fasste Rudolf Mirer während seines zweijährigen Aufenthalts in Rom, wo er als Angehöriger der Schweizer Garde zwei Päpsten diente.
In die Schweiz zurückgekehrt, setzte er seinen Entschluss mit der den Walsern eigenen Beharrlichkeit in die Tat um.
Der Erfolg stellte sich denn auch ein und hält nun seit vier Jahrzehnten an.

Den endgültigen Durchbruch schaffte Rudolf Mirer mit einer grossen Ausstellung im Seedamm-Kulturzentrum in Pfäffikon im Jahre 1986.
Es folgten Ausstellungen in zahlreichen Schweizer Städten sowie in Schongau und Regensburg in Bayern.

Seine künstlerische Ausdruckskraft hat auch internationale Anerkennung gefunden.

1993 erhielt Rudolf Mirer von der UNO in New York den ehrenvollen Auftrag, ein Bild zum Thema "Flüchtlinge" zu schaffen. Er überzeugte damit so sehr, dass er zum 50-Jahr-Jubiläum der UNO auch drei Sonderbriefmarken gestalten durfte.

Rudolf Mirer setzt sich in seinem Schaffen mit der Umwelt und den Menschen auseinander und hilft zu verstehen, nicht so sehr mit dem Kopf, aber mit dem Herzen.

RMP

Rudolf Pazeller, geboren 1946 in Tarasp, absolvierte seine Schnupperlehre bei seinem Onkel im Hotel „Morteratsch" und anschliessend seine Lehre im Hotel „Müller" in Pontresina. Nach der Lehre arbeitete er als Koch bei Felix Real in Vaduz. Rudolf Pazeller bezeichnet diese Zeit als „eine Zeit des Lernens".
Rasch wurde ihm dort aus Meisterhand beigebracht, was wahre Gastronomie und eine feine Küche sind und was dies für das Wohlbefinden der Gäste bedeutet. Anschliessend besuchte er die Hotelfachschule und legte einen für ihn wichtigen Sprachaufenthalt in England ein. Nach dieser Ausbildungszeit kehrte er in den elterlichen Betrieb zurück, den er später auch übernahm.

„Maitre-Rôtisseur" Rudolf Pazeller wirkt vorwiegend in der Küche, wo er sich engagiert, aber in gemässigter Form, zur Linie der „Neuen Küche" bekennt. Die exquisiten Menus und „à la carte"-Gerichte werden minutiös zubereitet. Da Rudolf Pazeller ursprünglich Kunstmaler werden wollte, versteht es sich fast von selbst, dass die Gerichte nicht nur mit Sorgfalt gekocht, sondern auch dekorativ präsentiert werden. Zum Malen bleibt ihm aber zur Zeit wenig Musse und Freizeit.

An seiner Seite im Betrieb steht Daniela Pazeller, die gewandte und immer freundliche Hoteliersgattin. Als fröhliche Unterhalterin wird sie von den „Chastè"-Gästen geschätzt. Mit ihr und Sohn Gian Andrea bespricht Rudolf Pazeller alle gastronomischen Feinheiten. Dass ihr Sohn Gian-Andrea in der 4. Gastro-Generation voll mit dabei ist, freut die beiden sehr.

leben heisst eins sein

2008

UNTERENGADIN

Das Unterengadin (rätoromanisch Engiadina Bassa) mit dem Zentrumsort Scuol und seinem beliebten Engadin Bad Scuol sowie dem an Italien grenzenden Münstertal ist die Heimat des einzigen Nationalparks der Schweiz. Zu Scuol gehören auch das Skigebiet Motta Naluns sowie die einzige Eishalle im Engadin.

In vielen Dörfern wie Ardez, Ftan oder Sent zeigen die typischen Engadiner Häuser mit den Sgraffito-Malereien das ursprüngliche Dorfleben. Das Dorf Guarda wurde 1975 mit dem Wakkerpreis ausgezeichnet und ist gleichzeitig die Heimat von «Schellen-Ursli», bekannt aus dem weltberühmten Kinderbuch mit Illustrationen des Bündner Künstlers Alois Carigiet.

Das Unterengadin ist weit stärker (1610 – 1019 m) geneigt und ist enger und wilder als das Oberengadin. Der Inn rauscht hier über Felsen und wühlt sich zwischen engen Wänden durch. Die wildeste seiner Schluchten ist die von Finstermünz, wo er das Schweizer Gebiet verlässt.

Die Hauptsprache im Unterengadin ist Rätoromanisch. Im Unterengadin wird Vallader, im Oberengadin Putér gesprochen; zwei rätoromanische Idiome mit eigener Schriftsprache, von den Engadinern zusammenfassend Rumantsch Ladin genannt. Das Ladin des Engadins ist nicht zu verwechseln mit den Ladinischen Sprachen in Nordostitalien. Durch den im letzten Jahrhundert stark aufgekommenen Tourismus und den dadurch grösser gewordenen Wirtschaftsraum verzeichnete das Engadin eine starke Zuwanderung von Menschen, welche kein Romanisch sprechen.

2002

Rindsbouillon und Kraftbrühe (Consommé)

Rudolf Pazeller

Zutaten **Rindsbouillon**

Rezept für 2 Liter ca. 8 Personen

2	kg	Rindsknochen, zerkleinert
3	lt	kaltes Wasser
70	g	Lauch
70	g	Karotten
50	g	Sellerie
2		Zwiebeln, mit Schale
2		Petersilienstängel
1/2	EL	Salz
1		Lorbeerblatt, Nelke
10		Pfefferkörner

Zutaten **Rindskraftbrühe (Consommé, geklärte Bouillon)**

für 8 Personen

1	kg	Klärfleisch (Rindswadenfleisch, Rindswurstfleisch)
3		Eiweiss
200	g	Gemüse (Zwiebeln, Karotten, Sellerie, Lauch)
½	kg	Crush-Eis, Eiswürfel oder eiskaltes Wasser
2	lt	Rindsbouillon
1		Salzmischung, Pfeffer aus der Mühle

Zubereitung

Beide Zwiebeln mit Schale halbieren und in einer Pfanne anschwärzen, um der Bouillon eine dunklere Farbe zu geben. Die Knochen in einen Kochtopf geben, mit kaltem Wasser zudecken, zum Kochen bringen und 3 Min. sieden lassen. Die Knochen mit einer Schaumkelle herausnehmen und zunächst heiss und dann kalt abspülen. Diese Prozedur ist wichtig, um die Knochen zu säubern. Das Blanchierwasser wird weggeschüttet und der Topf gereinigt. Nun die 3 Liter lauwarmes Wasser mit den Rindsknochen in den Topf geben, langsam zum Siedepunkt bringen und stets abschäumen. Restliche Zutaten beifügen und das erste Mal abschmecken. Ca. 1,5 Stunden bei schwacher Hitze am Siedepunkt halten und gelegentlich abschäumen.

Dann durch ein Tuch passieren, leicht aufkochen, würzen und entfetten. Wenn die Bouillon im Kühlschrank komplett durchgekühlt ist, kann man das restliche hart gewordene Fett problemlos abnehmen. Für die Kraftbrühe bereitet man ca. 3 Stunden vorher eine sogenannte Klarifikation zu. Hierfür wird das Rindsfleisch mit dem Gemüse durch die grobe Scheibe des Fleischwolfs durchgelassen und mit dem Eiweiss gut vermischt. Abgedeckt im Kühlschrank gut durchkühlen lassen. Das Fleisch kann auch schon gewolft gekauft werden.

Die Klarifikation in einen grossen Kochtopf geben, mit dem Eis oder dem eiskalten Wasser gut vermengen und die kalte Bouillon einrühren. Jetzt mit einer Bratschaufel unter gelegentlichem, vorsichtigem Rühren die Bouillon auf den Siedepunkt bringen. Vorsicht: wenn sich das Eiweiss am Boden absetzt, kann es leicht anbrennen. Schwimmt der Fleischkuchen obenauf, ist dies perfekt. Noch ca. 20 Minuten am Siedepunkt halten und anschliessend vorsichtig durch ein Tuch passieren.
Die Kraftbrühe mit Salzmischung und Pfeffer aus der Mühle abschmecken und dann abfetten. Das Abfetten kann mit Küchenpapier erfolgen.
Das Küchenpapier auf die Oberfläche der Suppe geben (es saugt die Fettaugen auf).

Tipp

Um eine doppelte Kraftbrühe zu erhalten, wird das Doppelte der Klarifikation benötigt. Eine kalte doppelte Kraftbrühe mit Cognac oder Sherry abgeschmeckt, ist ein Erlebnis an einem heissen Tag. Eine Rindsbouillon darf Fettaugen zeigen, eine Kraftbrühe dafür keine.

Fischkraftbrühe

Eine Fischkraftbrühe wird zum Beispiel für eine Bouillabaisse oder eine andere Fischsuppe verwendet. Hierfür wird genauso vorgegangen wie bei der Rindskraftbrühe, nur wird anstatt der Rindsbouillon ein Fischfond verwendet und nur mit der Hälfte der Klarifikation geklärt.

Grundsaucen

Rudolf Pazeller

Kalbsjus, Geflügeljus, Wildjus oder Lammjus

Rezept für 1,5 Liter

2	kg	Kalbsknochen, Geflügelkarkassen, Lammknochen oder Wildknochen zerkleinert
500	g	Kalbsfüsse kleingeschnitten
30	g	Erdnussöl
500	g	Gemüse (Karotten, Zwiebeln, Sellerie)
100	g	Lauch
1		Lorbeerblatt, Thymianzweig, Rosmarinzweig, Petersilienstängel
15	St	Pfefferkörner
2	EL	Tomatenmark
3	lt	Wasser
3	dl	Rotwein
1		Salzmischung

In einem grossen, feuerfesten Bratgeschirr bei 180°C Umluft das Öl erhitzen und die jeweiligen Knochen für ca. 1 Stunde unter gelegentlichem Wenden anbraten. Nussgross geschnittenes Gemüse, ausser Lauch, hinzufügen und ca.15 Minuten mitrösten. Lauch und Tomatenmark beifügen und weitere 10 Minuten unter Rühren anrösten. Nach und nach mit 5 dl Wasser aufgiessen, einkochen und wieder aufgiessen und einkochen.
Den Rotwein hinzufügen, leicht köcheln lassen, mit dem restlichen Wasser aufgiessen, die Gewürze beifügen und kochen lassen. Den Backofen auf 140°C zurückdrehen. Zwischendurch abschäumen und abfetten. Dies kann mit einem Suppenlöffel oder einer kleinen Kelle vorgenommen werden. Ca. 1 Std. leise kochen lassen. Anschliessend den Jus durch ein Sieb in einen Kochtopf passieren, auf die Hälfte einkochen lassen und mit Salzmischung leicht abschmecken.

Veloute und Bechamel (weisse gebundene Grundsaucen)

Rezept für 5 dl

Man unterscheidet Geflügel-, Fisch-, Gemüseveloute und Bechamel.
Der Unterschied besteht darin, dass jeweils mit einem anderen Fond bzw. mit Milch aufgegossen wird. Für diese Grundsauce wird ein Roux (Mehlschwitze) aus warmer Butter und Weissmehl in einem Kochtopf gut verrührt, bis sich die Mehlschwitze im Topf zu einem Teig löst.
1/3 der Mehlschwitze beiseite nehmen. Die verbleibenden 2/3 mit dem Weisswein ablöschen. Die Bechamelsauce verträgt keinen Weisswein. Mit jeweiligem kalten Grundfond aufgiessen und unter ständigem Rühren zu einer Sauce kochen. 10 Minuten leicht köcheln lassen, wenn nötig noch mit restlichem Roux binden und mit Salz und weissem Pfeffer abschmecken.

Kalbsveloute

25	g	Kochbutter
30	g	Weissmehl
0,5	dl	Weisswein
5	dl	weisser Kalbsfond
1		Salz, weisser Pfeffer

Geflügelveloute

25	g	Kochbutter
30	g	Weissmehl
0,5	dl	Weisswein
5	dl	Geflügelfond
1		Salz, weisser Pfeffer

Fischveloute

25	g	Kochbutter
30	g	Weissmehl
0,5	dl	Weisswein
5	dl	Fischfond
1		Salz, weisser Pfeffer
2	cl	Noilly Prat

Bechamelsauce

25	g	Kochbutter
30	g	Weissmehl
1		Muskatnuss
5	dl	Milch
1		Salz, weisser Pfeffer

Fonds

Rudolf Pazeller

Fischfond

Rezept für 1 Liter

500	g	Fischgräten von nicht fettigen Fischen
1,2	lt	Wasser
2	dl	Weisswein
100	g	weisses Gemüse (Weisses vom Lauch, Sellerie, Champignons, Zwiebeln, Fenchel)
1		weisse Pfefferkörner, Lorbeerblatt, Petersilienstängel
1		Salz

Fisch gut wässern, in einem Topf mit kaltem Wasser langsam erwärmen, Gemüse und Gewürze beigeben, ca. 30 Min. ganz leise köcheln lassen und gelegentlich abschäumen. Nicht kochen, da der Fond sonst trüb wird. Vorsichtig passieren und leicht abschmecken.

Gemüsefond

1,2	lt	Wasser
300	g	Gemüse (Karotten, Lauch, Sellerie, wenig Zwiebeln und Fenchel)
1		Pfefferkörner, Lorbeerblatt, Thymianzweig
1		Salz

Gewaschenes Gemüse in kochendes Wasser geben und ca. 1 Stunde leicht köcheln lassen. Etwas später restliche Gewürze beifügen. Den Fond passieren und leicht abschmecken.

Weisser Kalbsfond

500	g	Kalbsknochen gehackt
1,2	lt	Wasser
200	g	weisses Gemüse (Sellerie, Weisses vom Lauch, Zwiebeln)
1		Salz
1		weisse Pfefferkörner, Lorbeerblatt

Die Kalbsknochen in einem Topf mit lauwarmem Wasser zum Kochen bringen und für etwa 3 Min. blanchieren. Mit einer Schaumkelle die Knochen herausnehmen, zuerst warm und dann kalt abspülen. Altes Blanchierwasser wegschütten. In einen Kochtopf 1,2 Liter warmes Wasser geben, Kalbsknochen, Gemüse und Gewürze beifügen und ca. 1,5 Stunden leicht köcheln lassen. Gelegentlich abschäumen. Am Schluss noch passieren und leicht abschmecken.

Geflügelfond

1	St	Knochen (Karkassen) von einem Poulet
1,2	lt	Wasser
200	g	Gemüse (Zwiebeln, Sellerie, Weisses vom Lauch)
1		Pfefferkörner, Lorbeer, Thymianzweig, Rosmarinzweig
1		Salz

Zerkleinerte Karkassen kurz in lauwarmem Wasser blanchieren (aufkochen), herausnehmen und erst warm, dann kalt abspülen. In einen Kochtopf 1,2 Liter warmes Wasser geben, die Karkassen, Gemüse und Gewürze langsam zum Siedepunkt bringen und ca. 1 Stunde leicht köcheln lassen. Passieren und leicht abschmecken.

Salzmischung

Rudolf Pazeller

Zutaten

Rezept für 1,2 kg Salzmischung

1	kg	Salz
200	g	Streuwürze nach Wunsch
15	g	Paprika edelsüss
10	g	gemahlener weisser Pfeffer

Zubereitung

Alle Zutaten gut vermischen.

Tipp

Mit dieser Salzmischung kann alles gewürzt werden, ausser weisse Saucen und die Lebensmittel, die im Salzwasser gekocht werden.

Bovist

Rudolf Pazeller

Zutaten

Rezept für 4 Personen

400	g	Bovist
20	g	Erdnuss- oder Sonnenblumenöl
30	g	Kochbutter
1		Knoblauchzehe
10	g	gehackte Petersilie
1		Salzmischung
1		Pfeffer aus der Mühle
20	g	Kochbutter in Würfel

Zubereitung

Den Bovist schälen (durch Einschnitte in die Haut geht dies einfacher) und in 2 cm grosse Würfel schneiden. In einer mit Salz geputzten Eisenpfanne oder in einer Teflonpfanne das Öl warm werden lassen. Die Butter und die Bovistwürfel hineingeben. Mit Salzmischung und Pfeffer aus der Mühle würzen, dabei die Pfanne gleichmässig schwenken. Den gepressten Knoblauch dazugeben und die Pilze weiterhin mit einer Rührkelle in Bewegung halten. Je nach Bovist können Sie noch etwas mehr Butter dazugeben. Mit Salzmischung nochmals abschmecken und die Butterwürfel sowie die gehackte Petersilie dazugeben.

Anrichten

Auf einem passenden Teller anrichten und mit saftigem Kartoffel-Lauchauflauf servieren.

Tipp

Der Bovist kann auch paniert wie ein Wiener Schnitzel oder durch Ei und Käse gezogen als Piccata in beliebiger Grösse und Dicke zubereitet werden.

Den Bovist kann man auch als Schnitzel oder in Würfel geschnitten tiefkühlen und in gefrorenem Zustand verarbeiten.

2006

Engadiner Gerstensuppe

Rudolf Pazeller

Zutaten

Rezept für 4 Personen

50	g	Karotten
20	g	Zwiebeln
20	g	Lauch
30	g	Knollensellerie
70	g	Rollgerste Nr. 3
200	g	geräucherte Schweinshaxen oder geräucherte Rippli
1/2		Knoblauchzehe
1/2		Lorbeerblatt
200	g	Kartoffeln Bintje
20	g	Borlottibohnen
600	g	Rindsbouillon
800	g	Brühe von geräucherten Haxen
40	g	Erdnussöl
1	TL	Salzmischung
1		Pfeffer aus der Pfeffermühle

Vorbereitung

Die Borlottibohnen am besten über Nacht in kaltem Wasser einweichen. Karotten, Knollensellerie, Lauch und Zwiebeln schälen und anschliessend in 2-3 mm grosse Würfel schneiden. Das Gemüse kann nach Belieben auch in feine Scheiben geschnitten werden.
Die Kartoffeln waschen, schälen und die eine Hälfte in ca. 5 mm grosse Würfel schneiden. Die zweite Hälfte bis auf weiteres im kalten Wasser aufbewahren.

Zubereitung

Die eingeweichten Borlottibohnen ca. 1,5 Stunden in Wasser kochen, bis sie schön weich sind. Während des Kochens mehrere Male das trüb gewordene Wasser wegschütten und mit frischem Wasser auffüllen und weiterkochen. Das Wasser muss zum Schluss klar sein.
Schweinshaxen kalt abwaschen und separat in ungesalzenem Wasser (1 Liter) ca. 1-2 Stunden leise weichkochen (die Brühe aufbewahren).
Das Gemüse in wenig Fettstoff dünsten und anschliessend auf einem Blech ausbreiten und auskühlen lassen. Die Zwiebeln, den Knoblauch und die Gerste ebenfalls in wenig Fettstoff dünsten, mit Bouillon und Schweinshaxen-Brühe als Geschmacksträger auffüllen und zusammen mit den Gewürzen ca. 1 Std. kochen lassen. Das Gemüse, die Borlottibohnen und die Kartoffelwürfel beimischen. Für eine gute Bindung die andere Hälfte der rohen Kartoffeln mit der Bircherraffel reiben und ebenfalls dazu geben und weitere 15 - 20 Minuten leicht köcheln lassen.
Kontrollieren, ob alle Zutaten gar sind. Wenn nötig abschmecken und evtl. mit etwas Kartoffelstärke abbinden. Schweinshaxen oder Rippli in 5 mm grosse Stücke schneiden und unter die warme Suppe mischen.

Anrichten

Die Suppe in eine passende Tasse oder Teller füllen, einen Teelöffel geschlagenen Rahm darüber geben und mit geschnittenem Schnittlauch garnieren.

Tipp

Suppen, Saucen sowie Saucengerichte sollten immer dreifach abgeschmeckt werden: Zuerst wird am Anfang der Kochzeit, dann nach der Hälfte und zum Schluss eine geschmackliche Abrundung des Gerichts vorgenommen.
Vom Arbeitsaufwand und auch vom Geschmack her lohnt es sich, das Rezept 3-4 x auf einmal zu kochen. Die Suppe kann sehr gut eingefroren werden.

Capuns vom Saibling mit Gerstenschaum

Rudolf Pazeller

Zutaten für die Capuns

Rezept für 4 Personen

2	St	Saiblingsfilets zu je 120 g, filetiert, entgrätet (mit Pinzette) und gehäutet
4		Scheiben Bündner Rohschinken
2		Mangoldblätter gross

Zutaten für die Capunsmasse

100	g	Fischfarce vom Saibling (ersatzweise auch sehr fein gehacktes Fischfleisch vom Zander oder Saibling)
40	g	Ricotta
60	g	Quark
1		Scheibe Toastbrot in Würfel
1/4	TL	Salzmischung
1		Pfeffer aus der Mühle
1	TL	Petersilie gehackt
1	TL	Weissmehl
1	EL	Gemüsewürfel blanchiert
2		Scheiben Bündnerfleisch, fein gewürfelt
1	EL	Paniermehl

Zutaten für die Sauce

20	g	eingeweichte Gerstenperlen (3 Std. vorher in Wasser einweichen)
50	g	Gemüsewürfel
50	g	Zwiebel, fein geschnitten
200	g	Gemüsebouillon
20	g	Kochbutter
1		Salzmischung
1		Pfeffer aus der Mühle

Vorbereitung Capuns - "Rohling"

Bauchlappen von Saiblingsfilets entfernen, anschliessend jedes Filet in acht gleich grosse Stücke schneiden und jeweils zwei aufeinanderlegen. Die zwei aufeinandergelegten Saiblingsfiletstücke mit einer Scheibe Rohschinken einwickeln, dann kühl stellen. Mangoldblätter durch Entfernen des Stieles halbieren, 2-3 Minuten weich blanchieren, dann mit kaltem Wasser abschrecken.

Capunsmasse

Alle benötigten Zutaten vermengen und abschmecken.

Sauce

Die Gemüsewürfel kurz in etwas Kochbutter dünsten und wieder aus der Pfanne nehmen.
Die fein geschnittenen Zwiebeln in der restlichen Kochbutter dünsten, die Gerstenperlen beigeben und kurz mitdünsten. Mit der Gemüsebouillon aufgiessen und ca. 10 Minuten langsam weiterkochen. Zwei Esslöffel der Gerstenperlen für die Garnitur auf die Seite legen. Nun die Sauce mixen, abschmecken und mit Rahm verfeinern.

Zubereitung

1/2 Mangoldblatt von 6 cm Breite und 10 cm Länge auf ein Backpapier auslegen. Auf das Mangoldblatt die Capunsmasse 1 cm dick bestreichen. Das Saiblings-Rohschinkenröllchen daraufsetzen und im Mangoldblatt mit Hilfe des etwas grösseren Backpapieres einrollen resp. einpacken und an den Enden zudrehen und binden. Es gibt zwei Möglichkeiten des Pochierens:
1. Die in Backpapier eingepackte Rolle (Bonbon) ca. 10 Minuten im Steamer bei 90°C Dampf und 47°C Kerntemperatur pochieren.
2. Ohne Backpapier mit dem Mangoldblatt einpacken und ca. 10 Minuten in fast siedender Bouillon pochieren. Auch bei dieser Methode die Kerntemperatur von 47°C mittels Kerntemperaturfühler messen.

Anrichten

Die Sauce nochmals aufschäumen, mit den heissen Gerstenperlen und den Gemüsewürfeln vermischen und in die Mitte des Tellers geben.
Die Capuns diagonal halbieren, auf der Sauce anrichten, mit einer Scheibe gebratenem Rohschinken und mit Thymian oder Dill garnieren.

Tipp

Wenn kein Cutter vorhanden ist, kann auch gehacktes Fischfilet zusammen mit 1 EL Wasser mit einem Stabmixer gemixt werden.

Carpaccio vom Rehrücken

Rudolf Pazeller

Zutaten		Carpaccio
		Rezept für 4 Personen
250	g	Rehrückenfilet küchenfertig
1		Erdnussöl
1		Salzmischung und Pfeffer aus der Mühle
1		Rosmarinzweig
2		Wacholderbeeren zerdrückt

Zutaten		Vinaigrette
50	g	frische Himbeeren
2	EL	Himbeeressig
40	g	Bienenhonig (2 EL)
3	EL	Walnussöl
2	EL	Orangensaft
1		Salzmischung und Pfeffer aus der Mühle

Zutaten		Panna Cotta
80	g	Pfifferlinge
20	g	Zwiebel fein geschnitten
10	g	Kochbutter
1	TL	Cognac
3	EL	Vollrahm flüssig
150	g	Vollrahm geschlagen
2	Blatt	Gelatine
1		Salzmischung und Pfeffer aus der Mühle

Zubereitung

Das Fleisch mindestens 8 Stunden vorher in Erdnussöl mit dem Rosmarinzweig und den Wacholderbeeren von allen Seiten kurz und scharf anbraten.

Das Fleisch danach mit Salzmischung und Pfeffer aus der Mühle würzen. Anschliessend das Fleisch ohne Rosmarin und Wacholderbeeren in Frischhaltefolie einpacken, zu einer runden Stange formen und einfrieren.

Vinaigrette: alles zusammen in ein hohes Gefäss geben und mit dem Stabmixer zu einer Emulsion mixen. Anschliessend durch ein feines Sieb passieren, um die Himbeerkerne zu entfernen.

Panna Cotta: die Gelatine in kaltem Wasser einweichen. Die Pfifferlinge in kleine Würfel schneiden. Die Zwiebeln in der Kochbutter glasig dünsten, Pfifferlinge beigeben und kurz mitdünsten. Mit Salzmischung und Pfeffer aus der Mühle würzen und mit Cognac ablöschen. Mit dem flüssigen Rahm auffüllen, die vom Wasser ausgedrückte Gelatine beigeben und rühren bis sich diese aufgelöst hat. Die Masse auskühlen lassen, bis die Gelatine anfängt zu gelieren. Dann den geschlagenen Rahm vorsichtig unterheben, nochmals abschmecken und in kleine Förmchen füllen. Mit Frischhaltefolie zudecken und kühlen.

Anrichten

Mit einem Pinsel ein wenig Vinaigrette auf die Teller streichen, das gefrorene Fleisch mit einer Aufschnittmaschine dünn schneiden und auf die Teller legen, mit Vinaigrette nappieren und die Panna Cotta darauf anrichten. Für die Garnitur empfehlen wir frische Himbeeren, Thymianzweig, Feldsalat und gebratene Pfifferlinge. Etwas Vinaigrette separat dazu servieren.

Kalbsnieren „Rodolfo“

Rudolf Pazeller

Zutaten

Rezept für 4 Personen

600	g	Kalbsnieren ganz (die Nieren müssen hellrosa bis hellbraun sein und noch wenig Fett daran haben)
50	g	Schalotten oder Zwiebeln
1	dl	Weisswein
4	dl	Kalbsfond (am besten Kalbshaxen- oder kräftige Bratensauce)
20	g	Petersilie
3	EL	Madeira
2	EL	Cognac
40	g	Kochbutter, in kleine Würfel geschnitten
1	dl	Erdnuss- oder Sonnenblumenöl
1		Salzmischung und Pfeffer aus der Mühle
1		Weissmehl zum Stäuben

Vorbereitung

Das weisse Kalbsnierenfett mit dem Messer von den Nieren wegschneiden, wenig Fett kann in den Furchen der Nieren bleiben. Die Nieren halbieren und die dicksten Gewebestränge mit einem scharfen Messer entfernen. Anschliessend in Scheiben von ca. 5-7 mm Dicke schneiden.
Die Petersilie fein hacken und die Schalotten in kleine Würfel schneiden.

Zubereitung

Die fein geschnittenen Schalotten oder Zwiebeln in etwas Kochbutter glasig dünsten. Mit Weisswein und Madeira ablöschen und leicht einkochen lassen. Den Kalbsfond und die Hälfte der Petersilie beigeben, aufkochen und mit den restlichen Butterwürfeln unter ständigem Rühren montieren. Mit Salzmischung und Pfeffer aus der Mühle abschmecken und im letzten Moment mit Cognac verfeinern, dessen Geschmack hervortreten muss.
Die Kalbsnierenscheiben mit Weissmehl bestäuben und in einer sehr heissen Bratpfanne mit Öl beidseitig scharf anbraten und mit Salzmischung würzen. Das Ganze gut schwenken und in ein Sieb geben, um das überschüssige Fett abzugiessen.

Anrichten

Auf passendem Teller beliebiges Gemüse im Kreis anrichten, die Kalbsnieren in die Mitte legen und mit der Sauce nappieren. Mit der gehackten Petersilie bestreuen und die restliche Sauce separat servieren. Zu den Kalbsnieren „Rodolfo“ empfehlen wir eine knusprige Rösti oder einen einfachen Trockenreis.

Tipp

Die anzubratende Kalbsnierenmenge in mehrere Teile in die Bratpfanne geben, d.h. nicht zu viel auf einmal anbraten, nur gerade soviel, dass der Boden der Pfanne gut zugedeckt ist, ansonsten zieht das Fleisch Wasser.

Lasagne von Rindsfilet und Frühlingsgemüse mit Schalottensauce

Rudolf Pazeller und Andreas Heidenreich

Zutaten Fleisch

Rezept für 4 Personen

500	g	Rindsfilet vom Mittelstück
40	g	Erdnussöl
1		Rosmarinzweig
1		Salzmischung
1		Pfeffer aus der Mühle
4		Rosmarinzweige

Zutaten Gemüse

2		Frühlingszwiebeln
6		Babykarotten
80	g	Zucchetti
50	g	Pfälzer Karotten
4		weisse Spargeln
30	g	Kochbutter
1	dl	Spargelfond
4		Cherrytomaten

Zutaten Sauce

80	g	Schalotten
20	g	Butter
20	g	Zucker
1	dl	Rotwein
1	dl	Portwein
2	dl	Kalbsjus
1		Salzmischung und Pfeffer aus der Mühle
1		Kartoffelstärke
20	g	kalte Butterwürfel

Vorbereitung

Das Rindsfilet in 12 gleichmässige Scheiben schneiden oder vom Metzger zuschneiden lassen. Für das Gemüse die Spargeln schälen und in leichtem Salzwasser mit einer Prise Zucker und wenig Butter für 4 - 5 Min. vorkochen. Herausnehmen und Spargelfond behalten. Die Babykarotten und Pfälzer Karotten schälen und mit den Zucchetti in Streifen von ca. 2 - 3 mm Dicke und 4 cm Länge oder alles in Scheiben schneiden.

Das Grün der Frühlingszwiebeln in Röllchen schneiden und beiseite legen, den Rest der Zwiebel in Scheiben schneiden. Den vorgekochten Spargel in kleine Scheiben schneiden, die Spitzen zur Dekoration zurückbehalten. Für die Sauce die Schalotten fein würfeln.

Zubereitung der Sauce

Die Butter in einem kleinen Topf zergehen lassen, Schalottenwürfel darin glasig dünsten, den Zucker beigeben und leicht karamellisieren lassen. Mit Rotwein und Portwein ablöschen und bis zur Hälfte einkochen lassen. Den Kalbsjus dazugeben und für ca. 3 Min. reduzieren lassen. Mit Salzmischung und Pfeffer aus der Mühle abschmecken, mit Butterflocken montieren und evtl. noch mit wenig angerührter Kartoffelstärke abbinden.

Zubereitung Gemüse

Die Butter erhitzen, die Frühlingszwiebeln (nur das Weisse) und die Streifen beider Karotten dazugeben und leicht dünsten lassen.
Die Zucchetti beifügen und kurz mitdünsten. Mit dem Spargelfond ablöschen und leicht mit Salzmischung und Pfeffer aus der Mühle abschmecken.
Für ca. 2 Min. „al dente" kochen bis die Flüssigkeit fast vollständig verdampft ist. Frühlingszwiebelgrün und Spargelscheiben beigeben und mitschwenken. Die Cherrytomaten würzen, in Butter schwenken und in den warmen Backofen legen.

Anrichten

In die Mitte des Tellers einen Esslöffel mit Frühlingsgemüse geben und leicht flach drücken. Auf das Gemüse eine grillierte Rindsfilet-Scheibe legen und diesen Vorgang noch zweimal wiederholen. Am Schluss mit der Schalottensauce umgiessen. Mit der Cherrytomate und den halbierten Spargelspitzen garnieren. Als Garnitur eignet sich ein gebratener oder frittierter Rosmarinzweig.

Tipp

Dieses Gericht kommt im Frühling mit dem ersten, erlesenen Junggemüse besonders zur Geltung.
Frische Morcheln würden dieser Präsentation ein besonderes Aroma verleihen. Als Stärkebeilage empfehlen wir Kartoffelkrapfen oder Gnocchis.

Zanderfilet auf Kürbiskernpesto-Risotto mit Randensauce und herbstlichem Gemüse

Rudolf Pazeller und Andreas Heidenreich

Zutaten Fisch

Rezept für 4 Personen

4		Zanderfilets mit Haut, entgrätet, zu je 150 g
40	g	Erdnussöl
1		Salzmischung

Zutaten Risotto

200	g	Carnaroli-Risotto
1	dl	Weisswein
6	dl	leichte Hühnerbouillon
50	g	Kürbiskernpesto
50	g	Mascarpone
50	g	geriebener Parmesan
20	g	Olivenöl
50	g	Schalotten fein gewürfelt
20	g	kalte Butterwürfel

Zutaten Sauce

1	dl	Rotwein
2	dl	Halbrahm
1	dl	Biotta Randensaft
20	g	Schalotten fein gewürfelt
10	g	Kochbutter
1		Salzmischung
1	TL	Kartoffelstärke

Zutaten Gemüse

100	g	Kürbisfleisch z.B vom Muscatkürbis
100	g	Rosenkohl frisch
20	g	getrocknete Herbsttrompeten
30	g	Kochbutter
1	dl	leichte Hühnerbouillon
1		Salzmischung
16		blaue Trauben
30	g	Zucker
1	dl	Rotwein
1	dl	Wasser

Garnitur

2	EL	Kürbiskernöl
2	EL	geröstete Kürbiskerne

Vorbereitung

Für das Pesto etwas Kürbiskerne und Kürbiskernöl mit Knoblauch und Salz mixen. Die Herbsttrompeten für ca. 30 Minuten in lauwarmem Wasser einweichen, anschliessend für 10 Minuten in leichtem Salzwasser kochen und in dünne Streifen schneiden. Kürbis erst in Scheiben, dann in Rauten schneiden. Rosenkohl in einzelne Blätter zerteilen. Die Trauben halbieren und die Kerne entfernen.

Zubereitung Randensauce

Die Butter in einem kleinen Topf zergehen lassen, Schalottenwürfel darin glasig dünsten, mit Rotwein ablöschen und mit dem Rahm auffüllen. Alles bis 2/3 einreduzieren und anschliessend den Randensaft dazugeben, mit Salzmischung abschmecken und mit Kartoffelstärke leicht binden. Jetzt die Sauce nicht mehr kochen lassen, da sonst die schöne Farbe verloren gehen würde.

Zubereitung Gemüse

Die Butter erhitzen, die Herbsttrompeten kurz andünsten, Rosenkohlblätter und den vorbereiteten Kürbis dazugeben und mitdünsten, mit Salzmischung und Pfeffer aus der Mühle abschmecken, mit der Hühnerbouillon aufgiessen und für ca. 2 - 3 Minuten leicht köcheln lassen, bis das Gemüse ‚al dente' ist. Für die Trauben den Zucker in einem kleinen Kochgeschirr leicht karamellisieren lassen, mit Wasser ablöschen und zu einem leichten Sirup einkochen. Anschliessend den Rotwein dazugeben und kurz aufkochen lassen. Jetzt die vorbereiteten Trauben dazugeben und ohne zu kochen im Fond ziehen lassen.

Zubereitung Risotto

In einem mittelgrossen Kochtopf das Olivenöl leicht erhitzen, die gewürfelten Schalotten darin glasig dünsten, den Risotto dazugeben und kurz mitdünsten, mit Weisswein ablöschen und mit der Hühnerbouillon aufgiessen. Für 16-18 Minuten unter öfterem Rühren leicht kochen lassen. Am Ende der Garzeit den Mascarpone, geriebenen Parmesan, das Kürbiskernpesto und die kalten Butterwürfel dazugeben, abschmecken und zu einem sämigen Risotto rühren.

Zubereitung Zander

Die Fischfilets mit Salzmischung würzen und leicht mit Mehl bestäuben. Anschliessend in einer Pfanne die Filets anbraten, so dass zuerst die Hautseite nach oben zeigt. Nach ca. 2 Minuten den Fisch wenden und glasig fertig braten. Nadelprobe vornehmen: 45°C

Anrichten

Die Randensauce mit einem Mixer aufschäumen und kreisförmig auf einem vorgewärmten Teller platzieren und das Gemüse verteilen. Den Risotto in der Mitte des Tellers anrichten und den Fisch auf den Risotto legen. Trauben um das Gemüse verteilen und mit dem Kürbiskernöl und den gerösteten Kürbiskernen garnieren.

Tipp

Dieses Gericht ist eine schöne Variante für den Herbst. Den Risotto kann man auch ohne Kürbiskernpesto zubereiten und „nature" lassen. Sehr gut würde auch ein safranierter Risotto passen.
Der Fisch lässt sich durch jeden anderen Fisch ersetzen.

Plain in Pigna "Chastè"

Rudolf Pazeller

Zutaten

Rezept für 4 Personen

20	g	Bündnerfleisch oder Bresaola
25	g	Salami
25	g	Coppa
15	g	geräucherter Speck
1/4	St	Landjäger
4	g	Streuwürze
2	g	Salzmischung
600	g	Kartoffeln Bintje (Kochtyp A)
1		Knoblauchzehe
1.2	dl	Vollrahm

Zubereitung

Das Bündnerfleisch oder Bresaola, Salami, Coppa, Speck und Landjäger in kleine Würfel schneiden.
Die Kartoffeln schälen und ein Drittel davon mit der Bircherraffel reiben, die weiteren zwei Drittel mit der Röstiraffel reiben.
Die Knoblauchzehe fein hacken oder pressen.
Alle Zutaten gut miteinander vermischen und in eine ausgebutterte Gratinform füllen, leicht andrücken und mit einer mit Butter bestrichenen Alufolie bedecken. Wegen des beigegebenen Trockenfleisches mit relativ hohem Salzgehalt empfehlen wir Ihnen, die rohe Masse vorsichtig zu würzen.

Die Plain in Pigna bei 200°C im vorgeheizten Backofen ca. 30 - 40 Minuten backen. Nach zwei Drittel der Garzeit die Alufolie entfernen, damit sich eine leichte Kruste bilden kann.

Anrichten

Die Plain in Pigna kann direkt in der Form serviert werden oder man sticht mit einem Suppenlöffel ovale Nocken aus und setzt diese als Beilage auf den Teller.

Tipp

Bleibt von diesem Kartoffelgericht etwas übrig, kann dies (am besten noch warm) in eine Terrinenform abgefüllt werden und im Kühlschrank auskühlen. Im kalten Zustand stürzen, in ca. 2 cm dicke Scheiben schneiden und in der Pfanne mit Butter beidseitig goldgelb anbraten.

Geschmortes Rotkraut Emilia

Rudolf Pazeller

Zutaten

Rezept für 4 Personen

800	g	Rotkraut
280	g	Äpfel (2 St.)
1		Salzmischung und Streuwürze
3	EL	Portwein rot
120	g	Rotwein
1	EL	Aceto Balsamico
3	EL	Himbeeressig
5	g	Zucker
2	EL	Himbeersirup
100	g	Gemüsebrühe
200	g	Orangensaft
1/2	TL	Kartoffelstärke
20	g	Schweineschmalz
20	g	Erdnussöl

Zutaten für das Gewürzsäcklein

1/2	Lorbeerblatt
8	Pfefferkörner zerdrückt
1	Zimtstange klein
2	Wacholderbeeren

Vorbereitung

Den Kohl halbieren, den Strunk entfernen und die Blätter in feine Streifen schneiden. Die Äpfel schälen und mit der Röstireibe zum Kohl raffeln. Die restlichen Zutaten, ausser Kartoffelstärke, beigeben. Von Hand (mit Handschuh) gut durchkneten und über Nacht im Kühlschrank zum Marinieren stehen lassen.

Zubereitung

In einem Topf Schweineschmalz und Öl erhitzen und darin das marinierte Rotkraut dünsten. Sollte Flüssigkeit fehlen, kann dies noch mit zusätzlicher Bouillon ergänzt werden. Das Gewürzsäcklein beigeben und das Ganze nach Belieben 1 - 1 ,5 Stunden kochen lassen. Das Rotkraut darf am Ende der Garzeit noch leicht Biss haben und die Flüssigkeit sollte sirupartig einreduziert sein. Nach Wunsch die Kartoffelstärke mit etwas Rotwein vermischen und das Rotkraut damit abbinden. Das Rotkraut glänzt somit und die Flüssigkeit wird sämig. Nochmals gut abschmecken.

Gräscht da „Mariglia“ (Kartoffel-Polentarösti)

Rudolf Pazeller

Zutaten Polenta

Rezept für 4 Personen, ergibt 2 mittelgrosse Rösti

120	g	Polenta-Bramata grob
4,8	dl	Wasser
1		Salz
1/2		Zwiebel
1		Knoblauchzehe

Zutaten Gräscht

600	g	Kartoffeln mehligkochend (Kochtyp C)
50	g	Schweineschmalz
50	g	Kochbutter
1	dl	Erdnussöl

Vorbereitung

Am Vortag die Kartoffeln in der Schale in leichtem Salzwasser knapp weichkochen.
Die Polenta ebenso am Vortag zubereiten. Dazu Wasser und Salz in einem Kochgeschirr aufkochen, die restlichen Zutaten beifügen, kurz zum Kochpunkt bringen und zugedeckt im Backofen in einem feuerfesten Geschirr mit Deckel für ca. 1 Stunde bei 140°C im Umluft- oder Backofen garen lassen. Die Polenta ist fertig, wenn sie weich ist und die Flüssigkeit weg ist. Dann vom Kochgeschirr in ein kleines Gefäss abfüllen und über Nacht zugedeckt mit Klarsichtfolie auskühlen lassen.
Am nächsten Tag die Kartoffeln schälen und mit der Röstireibe raffeln.
Die Polenta ebenfalls mit der Röstireibe raffeln.

Zubereitung

Die Kartoffeln und die Polenta gut mischen und mit Salzmischung und Pfeffer aus der Mühle würzen. In einer Bratpfanne jeweils die Hälfte des Schweineschmalzes, die Butter und das Öl erhitzen und die Kartoffel-Polenta beigeben. Mit einer Bratschaufel alles leicht andrücken und zu einer schönen Rösti formen. Mit einem Deckel zudecken und während 7 Min. bei mittlerer Hitze backen. Die Rösti muss immer in der Pfanne rutschen, ev. noch etwas Butter oder Schmalz seitlich beigeben. Vorsichtig auf einen Deckel oder Teller umkehren. Achtung, heisses Fett kann vom Pfannenrand auf den Arm tropfen. Unterarm deswegen mit einem Küchentuch bedecken. In die Pfanne wieder Schweineschmalz, Butter und Öl geben, die Rösti vorsichtig wieder hineingleiten lassen und weitere 5 - 7 Min. backen. Die Rösti sollte immer in der Pfanne leicht in Bewegung sein, um ein Anbrennen zu verhindern. Am Schluss noch ein paar Butterflocken in den Pfannenrand geben.

Anrichten

Die Rösti auf eine vorgewärmte Platte oder Teller geben und je nach Geschmack mit Speckscheiben und Spiegelei oder mit Alpkäse servieren. Auch als Beilage zu geschmorten Gerichten ist der Gräscht herrlich.

Bemerkung

Dies ist ein sehr altes, überliefertes Rezept, welches früher während der Feldarbeit um 7 Uhr morgens mit Milchkaffee als Stärkung eingenommen wurde.

Pizokals "Chastè"

Rudolf Pazeller

Zutaten

		Rezept für 4 Personen
250	g	Weissmehl
150	g	Buchweizenmehl
0,5	dl	Vollrahm
2		Eier
1	EL	Olivenöl
1	TL	Salz
8	St	geräuchter Kochspeck in 2 mm dicken Scheiben
1		Salzmischung
1		Pfeffer aus der Mühle
1		Muskatnuss
200	g	Wirsing
600	g	Blattspinat frisch (oder 200 g TK-Blattspinat)
5	dl	Fleischbouillon
150	g	Veltliner Käse oder junger Bergkäse
50	g	Kochbutter
100	g	Zwiebeln
3		Knoblauchzehen
8		Salbeiblätter

Vorbereitung

In einer Schüssel beide Mehlsorten mischen. Den Vollrahm, die Eier, das Olivenöl und die Gewürze dazugeben und mitmischen. Alles zu einem glatten Spätzliteig schlagen bis sich Blasen bilden und anschliessend für 30 Min. im Kühlschrank ruhen lassen.
Den Blattspinat waschen und rüsten. Anschliessend in kochendem Salzwasser ca. 2 Min. blanchieren, im Eiswasser abschrecken und gut ausdrücken.
Den Wirsing in einzelne Blätter teilen, waschen, den Strunk entfernen, in Blättchen von ca. 2 cm schneiden und kurz im Salzwasser überwallen. In Eiswasser abschrecken.
Die Zwiebel schälen und in kleine Würfel schneiden. Den Knoblauch schälen und in feine Scheiben schneiden. Vier Salbeiblätter in Streifen schneiden. Den Käse mit einer Röstireibe raffeln.

Zubereitung

Den vorbereiteten Teig auf ein Holzbrettchen geben und in kochendes Salzwasser schaben. Natürlich kann der Pizokalteig auch durch ein Spätzlisieb gedrückt werden. Wenn die Pizokals oben aufschwimmen (nach ca. 3 Minuten) mit einer Schaumkelle herausnehmen. Die Hälfte der Butter in einem mittelgrossen Kochtopf schmelzen lassen, den Wirsing und den Blattspinat darin schwenken, die Pizokals beigeben und mit einem Teil der Fleischbouillon aufgiessen. Unter leichtem Rühren alles zum Kochpunkt bringen und den Käse dazugeben. Jetzt alles zu einer sämigen Konsistenz rühren und mit Salzmischung und Pfeffer aus der Mühle nochmals abschmecken, evtl. noch Fleischbrühe dazugeben.
In der Zwischenzeit die restliche Butter in einer Pfanne erhitzen, die Zwiebelwürfel, die geschnittenen Salbeiblätter und den Knoblauch darin goldbraun schwenken. In einer anderen Pfanne die restlichen Speckscheiben anbraten.

Anrichten

Die Pizokals in einem hohen Geschirr anrichten und die Zwiebel-Knoblauch-Salbeibutter darüber verteilen. Mit den gebratenen Speckscheiben belegen und mit den restlichen Salbeiblättern garnieren. Die Salbeiblätter können auch im Mehl gewendet und in einer Pfanne mit Butter gebraten werden.

Tipp

Sehr gut passen auch im Bierteig gebackene Salbeiblätter, die auch zum Aperitiv zu einem hohen Geschmackserlebnis werden.

Schlosshotel Chastè • 7553 Tarasp • Familie Daniela und Rudolf Pazeller-Scheibler • Tel. +41 (0)81 861 30 60 • www.schlosshoteltarasp.ch

Karamellköstlichkeiten aus Tarasp

Rudolf Pazeller

Zutaten Creme Catalane

Rezept für 4 Personen

1,5	dl	Vollrahm
0,5	dl	Milch
3		Eigelb
30	g	Zucker
1/4		Vanilleschote
1	TL	Vanillezucker

Zutaten Gebrannte Creme „Anita“

30	g	Zucker
1,9	dl	Milch
30	g	Zucker
0,1	dl	Milch
8	g	Maizena
1/2		Ei aufgeschlagen
1	dl	Rahm geschlagen

Zutaten Karamellköpfli

50	g	Karamell Topping
1,5	dl	Milch
1/4		Vanilleschote
1		Ei
1		Eigelb
20	g	Zucker

Zutaten Karamelleis

100	g	Zucker
0,5	dl	Wasser
1/4		Vanilleschote
1,5	dl	Vollrahm
1	dl	Milch
3		Eigelb

Garnitur

Je nach Wunsch und Saison z.B frische Beeren und Früchte, Minzeblatt oder ein Stückchen Engadiner Nusstorte.

Zubereitung Creme Catalane

Die Milch und den Rahm mit der aufgeschlitzten Vanilleschote erhitzen. In einer Schüssel das Eigelb mit Zucker und dem Vanillezucker verrühren und die Vanillemilch im Faden einrühren. Alles zusammen auf dem Wasserbad bei 85°C unter vorsichtigem Rühren zur Rose abziehen, in kleine Förmchen umfüllen und im vorgeheizten Backofen im Wasserbad bei 90°C für etwa 15 Minuten pochieren. Falls die Creme noch etwas flüssig erscheint, etwas länger im Backofen lassen. Danach erkalten lassen.

Zubereitung gebrannte Creme „Anita“

Den ersten Zucker in einem kleinen Kochgeschirr karamellisieren. Die erste Milch zusammen mit dem zweiten Zucker aufkochen und zum heissen Karamell geben. Die zweite Milch mit der Maizena und dem Ei verrühren und mit der Karamell-Milch auf 85 °C unter Rühren zur Rose abziehen. Die Creme durch ein Sieb passieren und in den Kühlschrank stellen. Den geschlagenen Rahm unter die kalte Creme heben.

Zubereitung Karamellköpfli

Das Karamell Topping in kleine Förmchen füllen, bis der Boden knapp bedeckt ist. Die Milch mit ausgekratzter Vanilleschote und Zucker zum Kochen bringen. Ei und Eigelb gut mit dem Schneebesen verschlagen und dann die heisse Milch langsam und unter ständigem Rühren zum Ei geben. Durch ein Sieb passieren und vorsichtig in die Förmchen mit dem Karamell füllen. Zusammen mit der Creme Catalane im Wasserbad für ca. 15 Min. pochieren bis es stockt. Erkalten lassen.

Zubereitung Karamelleis

Den Zucker karamellisieren, mit Wasser nach und nach ablöschen. Milch, Rahm und ausgekratzte Vanilleschote dazugeben, aufkochen und vorsichtig in eine Schüssel mit dem Eigelb einrühren. Im Wasserbad unter stetem Rühren auf 80 °C erhitzen, durch ein Sieb passieren, erkalten lassen und frieren.

Anrichten

Creme Catalane mit braunem Rohrzucker und Abflämmer karamellisieren. Das Karamellköpfli stürzen, Karamelleis mit Eisportionierer abziehen oder mit Spritzbeutel in Gläser füllen. Die gebrannte Creme in Töpfchen abfüllen. Alle Komponenten auf einen Teller platzieren und mit Pfefferminze, Beeren, Früchten oder auch Engadiner Nusstorte servieren.

SAMNAUN

Das einstige Schmugglerparadies Samnaun im Dreieck Schweiz, Österreich und Italien hat sich zu einem Ferienort für Wanderfreunde und Mountainbiker, aber auch für Ski- und Snowboardfans entwickelt. Durch die geographische Lage bedingt, führte bis 1912 die einzige Zufahrtsstrasse über österreichischen Boden. Deshalb wurde Samnaun Schweizer Zollausschlussgebiet. Am Grenzübergang steht nur der österreichische Zoll. Der zollfreie Einkauf in Samnaun lohnt sich vor allem für Benzin, Zigarren, hochwertige Spirituosen, Kosmetikwaren, Schmuck, Butter, Zucker und Parfüm. Das Dorf ist nebst den Winterattraktionen auch deshalb sehr bekannt und zu einer Touristenattraktion geworden.

Das Dorf Samnaun und das Samnauntal haben neben günstigen Einkaufsmöglichkeiten auch eine intakte Natur. Die Ferienregion bietet mit über 250 Kilometer markierten und gepflegten Wanderwegen ein breites Spektrum an anspruchsvollen Touren von Wanderungen auf ehemaligen Schmugglerpfaden bis zu Genuss-Ausflügen auf Schlenderpfaden.

In der reizvollen Landschaft des Samnauntals gedeihen über 900 Pflanzenarten - einige davon trifft man nur hier. Themenpfade wie der Tierlehrpfad, Zitate- und Aphorismenweg, Bergwald-lehrpfad oder Pflanzenlehrpfad sorgen mit Infotafeln für Abwechslung. Auf dem von Rudolf Mirer gestalteten Märchenweg begleiten die Murmeltiere Murmina und Murmin - die beiden Maskottchen von Samnaun - Gross und Klein auf ihrer Wanderung.

Zug der Spechte × Somer 87

Dreierlei Samnauner Knödel

Christoph Waldsam

Zutaten Speckknödel

Rezept für 4 Personen

250	g	Knödelbrot
100	g	geräucherter Kochspeck in Würfel
1,5	dl	lauwarme Milch
2		Eier
1	EL	Zwiebeln fein gewürfelt
1	EL	Kochbutter
2	EL	gehackte Petersilie
1		Salzmischung, Pfeffer aus der Mühle

Zutaten Kaas-Pressknödel (gepresste Käseknödel)

250	g	Knödelbrot
1	dl	lauwarme Milch
200	g	milder Samnauner Bergkäse
50	g	alter Samnauner Bergkäse oder Gruyère
2		Eier
1	EL	Zwiebeln fein gewürfelt
1		Salzmischung, Pfeffer aus der Mühle
1	EL	Kochbutter
1	EL	Öl zum Ausbacken

Zutaten Spinatknödel

250	g	Knödelbrot
1	dl	lauwarme Milch
500	g	frischer Blattspinat, blanchiert und ausgedrückt (oder 150 g TK)
1	EL	Zwiebeln fein gewürfelt
1		Ei
1		Knoblauchzehe
1	EL	Kochbutter
1		Salzmischung, Pfeffer aus der Mühle
1		Muskatnuss

Garnitur

500	g	Babyspinat frisch oder 150 gr TK
3	EL	Zwiebeln fein gewürfelt
20		Cherrytomaten
0,5	dl	Gemüsebrühe
1	EL	Kochbutter
1		Salzmischung, Pfeffer aus der Mühle

Vorbereitung

Die Zwiebeln fein würfeln. Den Speck in kleine Würfel schneiden. Den Blattspinat blanchieren und ausdrücken, den Käse reiben und die Petersilie hacken.

Zubereitung der Tiroler Knödel

Die Zwiebeln mit dem Speck und der Butter in einer Pfanne anbraten, mit dem Knödelbrot vermengen und in eine Schüssel geben. Die lauwarme Milch und die geschlagenen Eier beifügen, die Petersilie darunter geben, mit Salzmischung und Pfeffer würzen und gut durchkneten. 15 Min. ruhen lassen. Nun einen Knödel formen und als Probe für 15 Minuten ins leicht kochende Salzwasser geben, um zu prüfen, ob der Knödel auch hält. Wenn nicht, noch mit etwas Mehl stäuben und den Vorgang wiederholen. Die restlichen Knödel formen und ins leicht kochende Salzwasser oder Fleischbouillon legen, nach ca. 2 Minuten auf schwache Hitze zurückdrehen und etwa 20 - 25 Min. fertig köcheln lassen.

Zubereitung der Käse-Press-Knödel

Die Zubereitung erfolgt gleich wie bei den Tirolerknödeln. Man verwendet an Stelle von Speck Samnauner Bergkäse. Erst die Probe zubereiten, dann die Knödel formen, auf eine Dicke von 2 cm flach drücken und im Salzwasser während 4 Min. kochen lassen. Danach in einer Pfanne mit heissem Öl und Butter langsam fertigbraten. Der Käseknödel kann wie der Fleischknödel in Bouillon serviert werden.

Zubereitung der Spinatknödel

Die Zubereitung erfolgt gleich wie bei den anderen Knödeln. Den fein gehackten oder gemixten Spinat gut mit der Knödelmasse vermengen, die Knödel formen und in leicht kochendem Salzwasser erst die Probe, dann die restlichen Knödel für ca. 20 - 25 Min. köcheln lassen. Auch dieser Knödel kann in Bouillon serviert werden.

Zubereitung der Garnituren

Käseknödel: Die Zwiebeln in Butter glasig dünsten, den Spinat beigeben und mit der Gemüsebrühe aufgiessen. Solange reduzieren lassen bis die Flüssigkeit weg und der Spinat weich ist. Mit Salzmischung und Pfeffer aus der Mühle würzen. Tirolerknödel: auf geröstete Speckwürfel legen.
Spinatknödel: auf halbierte, in Butter leicht gedünstete und gewürzte Tomaten legen.

Anrichten

Käseknödel auf Spinat, Spinatknödel auf Tomaten, Tirolerknödel auf geröstetem Speck. Ausgarnieren mit Thymianzweig und geschnittenem Schnittlauch oder Petersilie.

Original Kaiserschmarrn

Andreas Strasser

Zutaten

Rezept für 4 Personen

2,2	dl	Milch
4		Eier trennen (Eigelb und Eiweiss)
120	g	Weissmehl
8	EL	Kristallzucker
100	g	Butterflocken
1/2	TL	Limettenzesten
1/2	TL	Orangenzesten
1		Prise Salz
15	g	Sultaninen
3	EL	Grand Marnier

Vorbereitung

Die Milch mit Eigelb, 1 EL Kristallzucker, Limetten- und Orangenzesten, Salz und Weissmehl verrühren.
Das Eiweiss leicht aufschlagen und 5 EL Kristallzucker nach und nach unterziehen, bis das Eiweiss Spitzen zieht. Anschliessend die beiden Massen mit einem Teigheber miteinander vermischen.

Zubereitung

Die Butter in einer vorgeheizten Pfanne zerlassen, den Teig hinein geben, mit Sultaninen bestreuen und auf kleiner Flamme zugedeckt ca. 5 Minuten backen, umdrehen und weitere ca. 5 Minuten backen lassen.
Den Kaiserschmarrn in kleine mundgerechte Stücke „reissen", mit zwei EL Kristallzucker bestäuben, karamellisieren und mit Grand Marnier ablöschen.

Anrichten

Nach dem Anrichten wird der Kaiserschmarrn mit Puderzucker bestreut und mit Apfelmus, Zwetschgenkompott oder Preiselbeeren serviert.

Wellnesshotel Chasa Montana • Familie Hubert Zegg
7563 Samnaun Dorfstrasse 30
Tel. +41 (0)81 861 90 00 • www.hotelchasamontana.ch

HATECKE

Samnauner Bergrösti

Andreas Strasser

Zutaten

Rezept für 4 Personen

500	g	Kartoffeln Typ C / mehligkochend (Agria, Bintje oder Urgenta)
120	g	Bergkäse gerieben
50	g	Schweineschmalz
50	g	Erdnussöl oder Sonnenblumenöl
50	g	Kochbutter
8		Scheiben Kochspeck
1		Salzmischung
1		Pfeffer aus der Mühle
1		Muskat frisch gerieben
1	EL	Schnittlauch geschnitten
1	EL	Petersilie gehackt

Zubereitung

Die Kartoffeln in Salzwasser zu 3/4 kochen, absieben und für ca. 12 Stunden auskühlen lassen. Anschliessend die Kartoffeln schälen, mit der Röstiraffel reiben und mit Salzmischung, Pfeffer aus der Mühle und Muskat würzen. Die Hälfte des Schweineschmalzes und des Erdnussöls am besten in einer Teflonpfanne erhitzen, die geriebenen Kartoffeln beigeben und mit Hilfe einer Rührkelle eine schöne Rösti formen. Nun die Rösti mit einem Deckel für ca. 7 Minuten bei mittlerer Hitze auf der ersten Seite goldbraun braten. Die Rösti muss in der Pfanne immer rutschen. Je nach Kartoffel noch etwas Fettstoff beigeben. Mit Hilfe eines Kochdeckels oder eines flachen Tellers die Rösti wenden. Achtung, heisses Fett kann vom Pfannenrand auf den Arm tropfen. Unterarm deswegen mit einem Küchentuch bedecken. In die Pfanne restliches Schweineschmalz, Butter und Öl geben, die Rösti vorsichtig wieder hineingleiten lassen und für weitere 5 - 7 Minuten fertig backen. Die Rösti sollte immer in der Pfanne leicht in Bewegung sein, um ein Anbrennen zu verhindern.

Die knusprige Rösti auf eine warme Platte oder Teller anrichten, den geriebenen Bergkäse darüber streuen und im vorgeheizten Backofen mit Oberhitze bei 250°C kurz gratinieren - der Käse muss nur schmelzen und darf keine Kruste aufweisen. In der Zwischenzeit den Kochspeck anbraten, die Rösti damit belegen und mit Schnittlauch oder Petersilie garnieren.

Tipp

Die Menge dieser Rezeptur ist als Stärkebeilage gedacht. Wenn Sie diese Rösti als volle Mahlzeit geniessen möchten, so empfehlen wir Ihnen bei vier Personen, die doppelte Rezeptur in zwei Pfannen zuzubereiten.

Mozart
Paradiesvogel
F. MIRER

Montana's Krautspätzli

Andreas Strasser

Zutaten Krautspätzli

Rezept für 4 Personen

700	g	Spätzli
80	g	Schalotten
4		Scheiben Speck in Streifen geschnitten
200	g	Sauerkraut
2	dl	Rindsbouillon
1	TL	Petersilie gehackt
2	EL	Parmesan gerieben

Zutaten Spätzliteig

250	g	Weissmehl
2		Eier ganz
1		Eigelb
70	g	lauwarme Milch
1	TL	Wasser
1		Prise Muskatnuss gerieben
1		Salz und Pfeffer aus der Mühle

Zubereitung Spätzli

Das Mehl, Eigelb und die Eier mit Gewürzen vermengen, zu einem glatten Teig schlagen bis sich Blasen bilden. Bei Bedarf etwas Wasser zugeben. 15 Min. ruhen lassen. Den Teig durch ein Spätzlisieb in kochendes Salzwasser schaben. Einmal aufkochen lassen und in Eiswasser abschrecken.

Zubereitung der Krautspätzli

Den Speck in einer Pfanne anbraten, die fein geschnittenen Schalotten beigeben und glasig dünsten. Die Spätzli und das Sauerkraut dazugeben, alles zusammen schwenken und mit der Rindsbouillon aufgiessen.
3 Minuten köcheln lassen und eventuell nachwürzen.

Anrichten

Die Krautspätzli auf einem warmen Teller anrichten, mit frisch gehackter Petersilie garnieren und Parmesan separat dazu servieren.

VAL MÜSTAIR

Das Val Müstair (deutsch Münstertal) umfasst sechs Dörfer: Müstair, Sta. Maria, Valchava, Fuldera, Lü und Tschierv. Alle haben ihren eigenen Charakter bewahrt und machen es zu einem der schönsten Alpentäler der Schweiz.

Die Siedlungen weisen weitgehend intakte Ortsbilder auf. Die Bevölkerung betrachtet das Projekt der Biosfera Val Müstair als eine Chance für die zukünftige, nachhaltige Entwicklung des Lebensraumes und der gesellschaftlichen Strukturen.

In unmittelbarer Nähe des Schweizerischen Nationalparks gelegen, bietet es erholungssuchenden Besuchern eine Fülle von Naturerlebnissen. Das Val Müstair hat ein eigenes Klima. Durch die südorientierte Lage ist das Wetter auffallend mild. Man findet hier auch ein breit gefächertes Angebot an sportlichen Aktivitäten und kulturellen Besonderheiten wie das Kloster St. Johann in Müstair. Das 1983 von der UNESCO in die Liste der Weltkulturgüter aufgenommene Kloster ist Zeuge christlicher Hochblüte um 800. Das Kloster und das dazugehörende Museum sind ganzjährig geöffnet.

Im Sommer 2005 ist erstmals seit über 100 Jahren ein Bär in die Nationalparkregion (Val Müstair – Engiadina Bassa) zurückgekehrt. Da er sich offensichtlich wohlfühlt, werden seitdem immer wieder Bären beobachet. Das Münstertal zählt insgesamt rund 1600 Einwohner, unter ihnen Dario Cologna, der erste Schweizer Langläufer, der es zum Olympiasieg (Vancouver 2010) und zum Sieger des Gesamtweltcups gebracht hat.

Gemüsestrudel Val Müstair

Pierre-René Grond

Zutaten

Rezept für 4 Personen

200	g	Blätterteig (oder 150 g Strudelteig)
25	g	Butter
90	g	Zwiebeln
150	g	Weisskohl
150	g	Karotten
120	g	Knollensellerie
100	g	Lauch
100	g	Zucchetti
2	EL	Schnittlauch fein geschnitten
1	EL	Petersilie fein gehackt
je 1	TL	Oregano, Basilikum fein gehackt
1		Salzmischung und Pfeffer aus der Mühle
1		Muskatnuss frisch gerieben
1		Eigelb
1	EL	Vollrahm

Vorbereitung
Die Zwiebeln, die Karotten und den Sellerie schälen. Den Weisskohl und den Lauch rüsten. Jetzt alle Gemüse in feine Streifen schneiden, die Zwiebeln in feine Würfel schneiden. Eigelb mit flüssigem Vollrahm vermischen. Den Schnittlauch schneiden und die restlichen Kräuter fein hacken. Backofen auf 180°C Umluft vorheizen.

Zubereitung
In einem mittelgrossen Kochgeschirr die Butter schmelzen. Dann die Zwiebeln darin glasig dünsten, Weisskohl beigeben und mitdünsten. Nach und nach Lauch, Karotten und Sellerie dazugeben und mitschwenken. Zum Schluss die Zucchetti beifügen und alles mit Salzmischung, Pfeffer aus der Mühle und wenig geriebenem Muskat abschmecken. Vom Herd nehmen, mit den frischen Kräutern würzen und abkühlen lassen. Das Gemüse sollte noch „al dente" sein, d. h. es darf noch Biss haben.
Auf leicht bemehlter Arbeitsfläche Blätterteig oder Strudelteig ausbreiten und das Gemüse darauf verteilen, am Rand einen Platz von ca. 3 cm freilassen. Verwendet man Strudelteig, kann der Teig mit dem Gemüse gut eingerollt werden, mit Eigelb , das mit etwas Wasser vermischt wird, bepinseln und schliessen. Wird Blätterteig verwendet, kann dieser nur eingeschlagen werden, da der Teig sonst von innen nicht backen würde und noch roh wäre. Ebenfalls mit Eigelb bepinseln und zusammenlegen. Jetzt die Ränder mit Eigelb bestreichen, einklappen und gut verschliessen. Den Strudel auf die Nahtseite des Teiges auf ein Backblech mit Backpapier legen und die Oberseite mit dem restlichen Eigelb-Wasser bestreichen. Im vorgeheizten Backofen bei 180°C ca. 35 - 40 Minuten goldgelb backen.

Anrichten
Vom Strudel ca. 5 cm grosse Stücke abschneiden und auf einen vorgewärmten Teller platzieren.

Tipp
Zum Strudel reicht man gewöhnlich eine weisse Sauce, die mit Basilikum oder Bärlauch verfeinert werden kann. Auch Salzkartoffeln mit Spargeln oder Blattspinat sind eine gute Alternative.

Kloster
säule
Müstair

Klostersäulen - Pozzas Clostra Son Jon

Pierre-René Grond

Zutaten

Rezept für 4 Personen

45	g	Kochbutter
70	g	Kristallzucker
17	g	Vanillezucker
1		Salz
1		Zitronenschale (gerieben)
1		Ei
85	g	Haselnüsse
100	g	Weissmehl
2	g	Backpulver
1		wenig Vollrahm
1		wenig Puderzucker
1		Eigelb zum Bestreichen

Hotel Helvetia • Familie Norbert Grond
7537 Müstair • Tel. +41 (0)81 858 55 55 • www.helvetia-hotel.ch

Zubereitung

Die Kochbutter mit Kristallzucker, Vanillezucker, Salz, Ei und der abgeriebenen Zitronenschale schaumig rühren. Die Haselnüsse beimischen und verrühren. Das Weissmehl und das Backpulver zum Schluss beigeben, kurz verkneten und anschliessend eine Stunde im Kühlschrank ruhen lassen.
Den Teig 1 cm dick auswallen und mit einem Ausstecher Rondellen von 3 cm Durchmesser ausstechen. Das Eigelb mit wenig Vollrahm und Puderzucker vermischen und damit die Rondellen bestreichen. Im vorgeheizten Ofen bei 180°C ca. 12 - 15 Minuten backen.

Tipp

Bei der Verwendung der Schale von Zitrusfrüchten ist es wichtig, die Früchte vorher gut mit warmem Wasser zu waschen.

Gepriesen seist Du mein
Herr mit all Deinen Geschöpfen
Franz v. Assisi und Clara
R. MIRER 2005

Pizoccals Val Müstair

Pierre-René Grond

Zutaten

Rezept für 4 Personen

60	g	Kochspeck
5	g	Knoblauch
20	g	Bündner Salsiz
20	g	Bündnerfleisch
20	g	Lauch
20	g	Kochbutter
160	g	Weissmehl
100	g	Magerquark
1		Ei
8	dl	Milch
1		Salzmischung
1		Prise Muskatnuss
1		Pfeffer aus der Mühle
200	g	Wirsing oder Weisskohl
2.5	dl	Vollrahm
4	dl	Rindsbouillon

Vorbereitung

Den Knoblauch pressen oder fein hacken.
Den Kochspeck, den Salsiz, das Bündnerfleisch und den Lauch in kleine Würfel schneiden. Den Wirsing oder den Weisskohl in ca. 2 cm grosse Blätter oder Rauten schneiden.

Die Kochspeckwürfel und den Knoblauch in wenig Kochbutter dünsten. Den Salsiz, das Bündnerfleisch und den Lauch beigeben, kurz mitdünsten und in einer Schüssel auskühlen lassen.
Das Weissmehl mit Magerquark, Ei, Milch und den Gewürzen zu einem Spätzliteig verarbeiten und anschliessend die ausgekühlten Würfel beigeben und gut vermischen.

Zubereitung

Den Teig je nach Wunschdicke auf ein Holzbrett streichen und mit einer Spachtel, die immer wieder im heissen Pizoccalwasser nass gemacht wird, in zwei Teile teilen. Dann von beiden Teilen abwechselnd dünne und längliche Pizoccals in das kochende Salzwasser schaben. Die Pizoccals aufkochen, bis alle auf der Wasseroberfläche schwimmen, abschöpfen und in Eiswasser abschrecken.
Den Wirsing oder den Weisskohl im Pizoccalteigwasser oder Salzwasser weich kochen und auf einem Teller oder Blech leicht auskühlen lassen.
Den Rahm und die Rindsbouillon aufkochen und mit Salzmischung und Pfeffer aus der Mühle würzen, den Wirsing oder den Weisskohl und die Pizoccals beigeben, aufkochen und auf die gewünschte Dicke der Sauce einkochen lassen.

Anrichten

Die Pizoccals in passendem Randteller anrichten und mit geschnittenem Schnittlauch garnieren. Nach Belieben dünne gebratene Speck-, Coppa- oder Rohschinkenscheiben zum Garnieren verwenden.

Tipp

Man kann den Pizoccalteig auch in die Hand geben und mit einem Teelöffel kleine Nocken ausstechen (Gummihandschuh dazu verwenden).

OBERENGADIN

Das Engadin (rätoromanisch Engiadina, italienisch Engadina, abgeleitet vom rätoromanischen Namen des Flusses Inn: En) ist ein 80 km langes Hochtal. Es ist eines der höchstgelegenen bewohnten Täler Europas. Es bildet die obere Talstufe des Inns und wird in das Ober- und das Unterengadin unterteilt. Die beiden Abschnitte des Bergtales werden durch die Punt'Ota (hohe Brücke) getrennt. Im Oberengadin hat der Tourismus eine lange Tradition: Mitte des vorletzten Jahrhunderts begannen die ersten Alpinisten die noch unberührten Berggipfel zu erklimmen. Heute präsentiert sich das Oberengadin als Feriendestination Engadin St. Moritz vielfältig und überaus abwechslungsreich: Die Oberengadiner Seenplatte und die verträumten Engadiner Ortschaften wie Sils, wo Friedrich Nietzsche einst weilte, im Kontrast zum schillernden St. Moritz, dem höchstgelegenen Flugplatz Europas (Samedan) und den zahlreichen traditionellen Veranstaltungen, wie dem Engadin Skimarathon, Pferderennen auf dem gefrorenen St. Moritzersee, internationale Wettbewerbe auf der einzigen Natureisbobbahn der Welt und vieles mehr. Neben dem mächtigsten Gletscher der Ostalpen, dem Morteratsch, und dem einzigen Viertausender der Ostalpen, dem Piz Bernina 4'049 m ü.M., liegt hier die Quelle des Inns. Der Fluss entspringt beim Malojapass in 2'484 m Höhe aus dem Lunghinsee. Die Gletschervorkommen machen das Tal zum wichtigen Wasserlieferanten für Osteuropa.

Wildgeschnetzeltes mit Pilzen und Birnen

Plinio Testa

Zutaten

Rezept für 4 Personen

600	g	zartes Hirsch- oder Rehfleisch (Huft, Eckstück oder Nüssli)
150	g	Pfifferlinge oder Steinpilze
2	EL	Erdnussöl oder Sonnenblumenöl
1	EL	gehackte Schalotten
3	dl	Wildjus
1	dl	Marsala
20	g	Kochbutter
2		Birnen
2	EL	Puderzucker
½		Zitrone
1		Salzmischung und Pfeffer aus der Mühle
1	EL	gehackter Majoran
1		Prise Cayennepfeffer

Plinio Testa • ehemals Hotel Val Roseg
7504 Pontresina • Tel. +41 (0)81 842 72 98

Vorbereitung

Die Birnen schälen, längs halbieren und das Kernhaus entfernen. Quer in Abständen von 2 - 3 mm Einschnitte vornehmen, damit sie noch auf der einen Seite zusammenhalten. Mit Zitronensaft beträufeln, in eine Gratinform mit 2 EL Wasser legen, mit Puderzucker bestreuen, Butterflocken darauf verteilen und für ca. 10 - 15 Minuten bei starker Oberhitze in den Backofen schieben und karamellisieren lassen, ab und zu kontrollieren. Harte Birnen sollten kurz vorgekocht werden.
Das Fleisch erst in kleine Schnitzel, dann in Streifen schneiden (schnetzeln).
Die Pilze rüsten, säubern und grosse Pfifferlinge halbieren. Steinpilze in Scheiben schneiden. Die Schalotten fein würfeln.

Zubereitung

Das Fleisch in 2, besser in 3 Gängen in einer grossen Pfanne mit dem Öl kurz und scharf anbraten, gut schwenken. Es darf kein Wasser entstehen, das Fleisch sollte innen noch rosa bleiben. Das Fleisch aus der Pfanne nehmen, mit Salzmischung und Pfeffer aus der Mühle würzen und warm stellen.
Im Bratenfond die Schalotten andünsten, die Pilze dazugeben, würzen und knapp weichdünsten. Mit dem Marsala ablöschen, den Wildjus und die Hälfte des Majorans beigeben und kurz einkochen lassen. Mit einer Prise Cayenne, Salzmischung und Pfeffer aus der Mühle abschmecken. Vom Herd nehmen und mit dem Fleisch vermischen.
Die Sauce kann ohne weiteres vorgemacht werden, dadurch kann man sich mehr Zeit lassen. Um den Bratenfond zu gewinnen, wird das Fett weggenommen und mit etwas Wasser abgelöscht. Den Bratenfond in die Sauce geben.

Anrichten

Das Geschnetzelte auf eine vorgewärmte Platte oder Teller anrichten und mit dem restlichen Majoran bestreuen. Die karamellisierten Birnen anlegen.

Tipp

Mit geschmortem Rotkraut, glasierten Maroni, Rosenkohl mit Speck, süss-sauren Zwetschgen, Preiselbeeren, Schupfnudeln oder Spätzli wird dieses Gericht zu einem Gedicht.

Wild in der Küche

Plinio Testa

Der Begriff „Wild“ umfasst all jene freilebenden Tiere, die gejagt werden dürfen und sich für die Zubereitung von Wildgerichten eignen. Unter der Bezeichnung „Wildbret“ versteht man das Fleisch des Wildes. In Bezug auf die Vorlieben für Wildgerichte hat jedes Land seine Eigenheiten, die natürlich stark mit dem Vorkommen der Wildarten zusammenhängen. So spielen in der Schweiz hauptsächlich die Haarwildarten, wie Reh, Hirsch, Gemse und zum Teil auch Wildschwein, eine bedeutende Rolle. Federwild hingegen nimmt eine eher untergeordnete Position ein.
Im Nachtrag einige Beispiele für Beilagen, die sich für Wildgerichte besonders gut eignen. Unter den Rezepten von Rudolf Pazeller findet man ebenfalls Rezepte zu Wildgerichten.

Äpfel in Weissweinsirup

1,5	dl	Weisswein
1.5	dl	Wasser
1/4		Zitrone, Saft
1/4		Zimtstange
1		Zitrone, Schale
80	g	Zucker
2		Äpfel

Alle Zutaten bis auf die Äpfel kalt mischen. Die Äpfel schälen, der Breite nach in vier gleichmässige Scheiben schneiden, entkernen und sofort in die Weissweinmischung legen. Alles zusammen aufkochen und die Äpfel darin weichkochen, im Fond auskühlen lassen. Vor Gebrauch die Äpfel im Fond erwärmen und anschliessend in die Mitte des Apfels, wo vorher das Kernhaus war, Preiselbeeren, Johannisbeeren, Kastanienpüree oder ähnliches füllen.

Glasierte Maroni

400	g	Zucker
4	dl	heisses Wasser
25	g	Butter
1		Salz
0,5	dl	Wildjus
500	g	Maroni geschält

Den Zucker in einem mittleren Kochgeschirr nach und nach leicht karamellisieren und anschliessend mit dem heissen Wasser aufgiessen und langsam zu einem leichten Sirup einkochen. Maroni und restliche Zutaten beigeben und bei schwacher Hitze weich kochen (mit leichtem Biss).
Die glasierten Maroni können auch im Backofen bei 140°C für etwa 30 Min. zubereitet werden.

Essigzwetschgen

Geeignet zu Terrinen und Pasteten, aber auch zu warmen Wildgerichten. Für diese Zubereitung bevorzugt man die fleischigen Fellenberger Zwetschgen, die sich leicht vom Stein lösen. Das Rezept rechtsstehend, ist nach Grossmutterart „Angela“ zubereitet.

1	kg	Zwetschgen	oder	2	kg	Zwetschgen
600	g	Zucker		650	g	Zucker
2,5	dl	Weisweinessig		5	dl	Weissweinessig
1	dl	Rotwein		1		Zimtstange
2		Nelken		2		Nelken
1/4		Zitronenschale		1		Sternanis
1/4		Zimtstange				

Die Zwetschgen gut waschen und mit einer sauberen Nadel oder Holzspiess bei jeder Zwetschge einige Einstiche anbringen und die Früchte in ein passendes Gefäss geben. Restliche Zutaten miteinander aufkochen, heiss über die Zwetschgen giessen und über Nacht ziehen lassen.
Am nächsten Tag Zitronenrinde und Zimtstange entfernen, den Sirup in einen Kochtopf geben, aufkochen und wieder über die Zwetschgen giessen und über Nacht ziehen lassen. Am dritten Tag Einmachgläser vorbereiten (Gläser samt Gummidichtungen mit Wasser auf den Siedepunkt bringen). Die Früchte mit dem Sirup zum Siedepunkt bringen und sogleich in die gut erhitzten Einmachgläser füllen, Verschluss schliessen und auf ein Tuch stellen.

Wild in der Küche

Plinio Testa

Warme Saucen zu Wild

Wildrahmsauce: eine Basis für viele Wildsauce, ergibt ca. 5 dl

30	g	Erdnussöl
100	g	Wildfleischparüren
50	g	Schalotten geschnitten
5		zerdrückte Wacholderbeeren
5		schwarze Pfefferkörner
30	g	Cognac
1,5	dl	Rotwein
3	dl	gebundene braune Wildsauce (auch Convenience in Pulverform)
3	dl	Rahm

Das Öl erhitzen und die Wildparüren darin hellbraun rösten.
Die Schalotten und Gewürze beigeben und anschliessend mit Cognac ablöschen und evtl. flambieren. Den Rotwein und die Wildsauce beigeben und leicht einkochen. Mit Rahm auffüllen und bis zur gewünschten Dicke reduzieren und passieren. Aus dieser Sauce können nachstehende Saucen leicht zubereitet werden.

Wildrahmsauce mit Pilze:
Fertige Wildrahmsauce mit in Butter sautierten Pilzen.

Wacholderrahmsauce:
Wildrahmsauce mit 10 zerdrückten Wacholderbeeren gekocht und mit Gin verfeinert.

Preiselbeerrahm:
2, 5 dl Wildrahmsauce mit 50 g Preiselbeerkompott.

Förstersauce:
Wildrahmsauce mit Steinpilzen, Pfifferlingen und Sherry.

Römische Wildsauce:
Etwas Zucker karamellisieren, mit Essig ablöschen, Wildrahmsauce beigeben, Rosinen, Korinthen, geröstete Pinienkerne.

Alle diese Saucen passen vorwiegend zu Hirsch-, Reh- und Gemsschnitzel, Reh-und Hirschentrecotes, sowie Koteletten, Filets und Wildgeschnetzeltem.

Kalte Saucen zu Wild

Sauce Cumberland (zu Terrinen und Pasteten):
1 TL gehackte Zwiebeln, Saft einer Orange, 4 EL Johannisbeergelee, 4 EL Portwein rot und einige Tropfen Zitronensaft aufkochen und 10 Minuten ziehen lassen.
Die Schale einer Orange und Zitrone in feine Streifen schneiden, 5 Minuten kochen und der Sauce zufügen.
Mit einer Msp. Englischsenf, 3 Tropfen Tabasco und einer Msp. Ingwerpulver abschmecken.

Preiselbeerschaum:
2 dl geschlagener Rahm mit 100 g Preiselbeerkompott.
Mit Salzmischung abschmecken.

Stärkebeilagen zu Wild

Spätzli, Kartoffelkroketten, Birnenkartoffeln, Kartoffelgratin, Kartoffelpüree, Nudeln, Schupfnudeln, Herzoginkartoffeln, Römische Gnocchis, Flöchets, Plain in Pigna, Pilzrisotto und Pizzoccherie.

Gemüsebeilagen zu Wild

Rosenkohl mit gekochtem Schinken oder nur die Blätter, Rotkraut, glasierte Maroni, Brokkoliflan, einheimische Pilze und gedämpfter Wirsing mit Speck und Rahm.

Sehr passend sind aber auch Früchte wie z.B. gebratene Ananas, Zwetschgen, Aprikosen, Bananen, Melonen, Pfirsiche, Trauben, Beeren und Preiselbeeren.

Engadiner Herrenschnitzel

Hartly Mathis

Zutaten für das Schnitzel

Rezept für 4 Personen

480	g	Kalbshuft oder Kalbsnuss
80	g	Steinpilze frisch oder tiefgekühlt
80	g	Rohschinkenscheiben in dünne Rauten geschnitten
100	g	Gänse- oder Entenleberterrine in Würfel geschnitten
1		Mehl zum Stäuben
1		Salzmischung
1		Ei
20	g	Kochbutter
50	g	Öl

Zutaten für die Sauce

150	g	gebundene Bratensauce
100	g	Steinpilze frisch oder tiefgekühlt
20	g	Erdnuss- oder Sonnenblumenöl
1	EL	Cognac
1	EL	Portwein
100	g	geschlagener Vollrahm
25	g	Kochbutter
1		Salzmischung

Zubereitung der Herrenschnitzel

Aus der Kalbshuft oder der Kalbsnuss wie für ein Cordon bleu gegen die Fasern mit dem Schmetterlingschnitt die Schnitzel schneiden, d.h. nur jeden zweiten Schnitt ganz durchschneiden und jeden ersten bis zum letzten Zehntel einschneiden. Die geöffneten Schnitzel leicht klopfen, so dass alle gleichmässig dick sind.
Die Steinpilze je nach Grösse halbieren und diagonal in dünne Scheiben schneiden. Diese in einer sehr heissen Teflonpfanne mit etwas Erdnuss- oder Sonnenblumenöl anbraten und mit Salzmischung würzen.
Den in Rauten geschnittenen Rohschinken mit den leicht ausgekühlten Steinpilzen und den Gänse- oder Entenleberterrinewürfel vermischen und damit die Schnitzel wie bei einem Cordon bleu füllen.
Die gefüllten und gut zusammengeklappten Schnitzel mit Salzmischung würzen, mit Mehl stäuben, durch das aufgeschlagene Ei ziehen (Eitropfen abstreichen) und in einer heissen Pfanne mit Öl und Kochbutter beidseitig braten.

Zubereitung der Sauce

Für die Sauce werden die Steinpilze wie für die Schnitzel zubereitet, jedoch die Hälfte zum Garnieren des Tellers beiseite gelegt und warm gehalten. Die andere Hälfte der Steinpilze zur aufgekochten und nach Geschmack abgebundenen Bratensauce geben, abschmecken und im letzten Moment mit Cognac, Portwein und geschlagenem Rahm sowie der in Würfel geschnittenen Kochbutter verfeinern.

Anrichten

Die Sauce auf einen flachen Teller geben, das Herrenschnitzel darauf anrichten und mit den gebratenen Steinpilzen umlegen. Mit Kartoffelpüree und beliebigem Gemüse servieren und mit Thymian oder Blattpetersilie dekorieren.

Tipp

Eine feine Steinpilz-Rahmsauce passt ebenfalls hervorragend dazu. Anstelle der Steinpilze kann während der Trüffelsaison auch die sogenannte schwarze "Knolle" verwendet werden (natürlich in bedeutend kleineren Mengen).

Hartly Mathis • ehemals Restaurant Corviglia
7500 St. Moritz • Tel. +41 (0)81 833 38 39

Charnigna Engiadinaisa

Hartly Mathis

Zutaten

Rezept für 4 Personen

500	g	Rindsfilet oder gut gelagerte Rindshuft
60	g	Zwiebeln
20	g	Erdnussöl zum Braten
4	EL	Weisswein
2	EL	Roter Portwein
100	g	Demi-Glace (oder Bratensauce vom Schmorbraten)
20	g	Geschlagene Sahne
1		Salzmischung und Pfeffer aus der Mühle
1		Maizena oder Kartoffelstärke zum Stäuben
40	g	Öl

Zutaten Sauce

250	g	Pfifferlinge
20	g	Kochbutter
70	g	Weisswein
40	g	Wasser
20	g	Butter zum Binden
1		Salzmischung
1		Pfeffer aus der Mühle

Vorbereitung

Die Zwiebeln in Butter glasig dünsten, mit Weisswein ablöschen und einkochen lassen. Den roten Portwein dazugiessen, mit der abgeschmeckten Demi-Glace bzw. Bratensauce auffüllen und ca. 15 Min. köcheln lassen.
Die Pfifferlinge in Kochbutter dünsten, mit Weisswein ablöschen, mit Salzmischung und Pfeffer aus der Mühle würzen und 2 Minuten zugedeckt leicht kochen lassen. Die Pilze mit etwas Fond zur Sauce geben. Diese leicht einkochen oder nach Wunschdicke mit etwas Maizena oder Kartoffelstärke abbinden und dann die Löffelprobe vornehmen und den geschlagenen Vollrahm darunterziehen.

Zubereitung

Das Rindfleisch in Würfel von ca. 2 cm schneiden, mit Maizena oder Kartoffelstärke stäuben. In sehr heisser Bratpfanne in leicht rauchendem Öl kurz anbraten (je nach Grösse der Bratpfanne nicht zu viel auf einmal nehmen). Gegen Ende der Bratzeit – die Fleischwürfel sollten beim Durchschneiden noch rot sein - mit Salzmischung und Pfeffer aus der Mühle würzen und in einem Sieb kurz abtropfen lassen.

Anrichten

Auf passendem Teller anrichten und mit heisser Sauce nappieren.
Zu diesem Fleischgericht passt sehr gut gedämpfter Wirsing mit gekochten Schinkenstreifen sowie Griessgnocchi, Pizoccals, Trockenreis oder Kartoffelpüree.
Zum Schluss mit wenig geschlagenem Rahm und gezupften Thymianblättern garnieren.

DAS PUSCHLAV

Das Puschlav (italienisch Valposchiavo) ist ein italienischsprachiges Südtal des Kantons Graubünden mit knapp 5'000 Einwohnern. Man erreicht es vom Oberengadin aus über den Berninapass, vom Veltlin (Italien) her über Campocologno ganz im Süden des Tals sowie von Livigno (Italien) aus über die Forcola di Livigno. Hauptort des vom Fluss Poschiavino durchflossenen Tales ist Poschiavo. In der Vergangenheit war das Puschlav Schauplatz abenteuerlicher Reisen, Drehscheibe innovativer Strömungen zwischen Nord und Süd, war Land der Auswanderer, Ort der Begegnung und des Aufeinandertreffens gegensätzlicher Tendenzen.

Die 1910 vollendete Berninalinie der Rhätischen Bahn (St.Moritz - Tirano) wurde 2008 zusammen mit der Albula-Linie als UNESCO Weltkulturerbe ausgezeichnet. Die Wahl der Linienführung war massgeblich durch die Vermittlung von touristischen, landschaftlichen Attraktionen motiviert. Die Bahn war von Beginn an eine innovative Adaption der elektrischen Überlandbahn mit gekonnter Trassierung im Hochgebirge. Sie wurde im Alpenraum Vorbild für viele projektierte und einige gebaute Überlandbahnen. Heute ist die Berninastrecke weltweit einzigartig: Es handelt sich um die höchstgelegene Alpentransversale und um eine der steilsten Adhäsionsbahnen der Welt. Die Überwindung des Berninapasses (2'253 m ü. M.) sowie der Kreisviadukt in Brusio sind die ingenieurtechnischen Meisterwerke auf der Alpensüdseite.

RICORDO da Poschiavo
R. MIRER
78

Lauwarmer Hirschsalat mit Trüffelvinaigrette

Livio Tuena - Triacca

Zutaten für den Salat

Rezept für 4 Personen

320	g	Hirschhuft oder Hirschnuss
0.5	dl	Erdnuss- oder Sonnenblumenöl
1		Apfel
20	g	Kochbutter
1		Kristallzucker
1		Salzmischung zum Würzen
4		Cherrytomaten
200	g	frische Pfifferlinge oder Steinpilze
30	g	Kochbutter
30	g	Weisswein
1		verschiedene Blattsalate
4		Speckscheiben

Zutaten für die Trüffelvinaigrette

1	EL	Zwiebeln fein geschnitten
1	EL	Schnittlauch
1	EL	Petersilie
1	EL	Senf
1	EL	grüne und schwarze Oliven
1	EL	Kikkoman Sojasauce
0.5	dl	Balsamico Essig
1	dl	Olivenöl
1	dl	Trüffelöl
1	dl	Sonnenblumenöl
1		Salzmischung und Pfeffer aus der Mühle
		evtl. etwas Bouillon

Vorbereitung

Für die Vinaigrette die Zwiebeln und den Schnittlauch fein schneiden und mit der gehackten Petersilie und den restlichen Zutaten gut verrühren. Mit Salzmischung und Pfeffer aus der Mühle abschmecken. Diese Vinaigrette kann über längere Zeit im Kühlschrank aufbewahrt werden.
Den Apfel schälen, vierteln, das Innere vom Apfel entfernen und das Viertel nochmals vierteln, so dass es 16 gleichmässige Schnitze gibt.
Das Hirschfleisch in dünne Schnitzel schneiden.
Die Speckscheiben halbieren und grillieren. Die Cherrytomaten zur Garnitur vierteln.

Zubereitung

Die Pfifferlinge oder die Steinpilze mit der Kochbutter scharf anbraten, mit Salzmischung abschmecken, mit dem Weisswein und etwas Wasser ablöschen, kurz köcheln lassen und anschliessend warm halten.
In einer Pfanne die Apfelschnitze mit Butter leicht anbraten, mit Zucker bestreuen, schwenkend kurz weiter braten und ebenfalls warm halten.
Die Hirschschnitzel mit Salzmischung und Pfeffer aus der Mühle würzen und in einer Brat- oder Grillpfanne mit wenig Erdnussöl auf beiden Seiten scharf anbraten/grillieren.

Anrichten

Die Blattsalate als farbenfrohes Bouquet in der Mitte des Tellers anrichten und mit der Vinaigrette beträufeln. Die Hirschschnitzel in dünne Streifen schneiden und mit den Apfelschnitzen und den Cherrytomatenviertel über den Salat verteilen. Zum Schluss mit der grob geschnittenen Blattpetersilie, den Speckscheiben und einem Thymianzweig garnieren.
Ist Trüffelsaison, kann die Sauce mit geschnittenem Trüffelwürfel vermischt werden und über den Salat kann Trüffel mit einem Trüffelhobel gehobelt werden.

Pizzoccheri

Livio Tuena - Triacca

Zutaten

Rezept für 4 Personen

200	g	Buchweizenmehl
100	g	Weissmehl
300	g	Mangold oder Wirsing
150	g	Kartoffeln (Kochtyp A)
250	g	Alpkäse jung und alt
100	g	Butter
3		Knoblauchzehen
2	dl	lauwarmes Wasser
1		Salz
8		Salbeiblätter

Minotel Suisse Poschiavo • Familie Livio Tuena-Triacca
7742 Poschiavo • Via da Merz 151
Tel. +41 (0)81 844 07 88 • www.suisse-poschiavo.ch

Vorbereitung

Die Kartoffeln waschen, schälen und in kleine Würfel von 1 cm schneiden.
Vom Mangold oder Wirsing den Strunk entfernen, waschen und in kleine Blättchen von 2 cm schneiden.
Den Alpkäse mit einer Röstiraffel raffeln.
Die Knoblauchzehen schälen und in feine Scheiben schneiden.
4 Salbeiblätter in feine Streifen schneiden.
Die beiden Mehlsorten mit lauwarmem Wasser und Salz zu einem glatten, geschmeidigen Teig verarbeiten und gut durchkneten und für 20 Min. im Kühlschrank ruhen lassen. Dann auf einer leicht bemehlten Arbeitsfläche den Teig nicht zu dünn (mindestens 3 mm) auswallen und anschliessend in Streifen von 7 cm Länge und ca. 1,5 cm Breite schneiden.
Backofen vorheizen auf 220°C Oberhitze.

Zubereitung

Die Kartoffelwürfel in kochendem Salzwasser für 5 Minuten kochen und anschliessend den geschnittenen Wirsing oder Mangold und die Pizzoccheri dazugeben und weitere 8-10 Minuten kochen lassen. Anschliessend mit einer Schöpfkelle herausnehmen und abtropfen lassen.

Anrichten

Schichtweise ein Viertel der noch heissen Pizzoccheri mit dem Gemüse in einer tiefen Gratinschale anrichten, mit Alpkäse bestreuen und den Vorgang 3 mal wiederholen. Anschliessend in den vorgeheizten Backofen schieben und ca. 3-5 Minuten überbacken bis der Käse leicht geschmolzen ist. In der Zwischenzeit die geschnittenen Salbeiblätter und den Knoblauch in heisser Butter goldgelb anbraten und mit einem Esslöffel über die gratinierten Pizzoccheri geben. Mit einem Salbeiblatt garnieren.

Tipp

Mangold wird vor allem im Sommer verwendet, Wirsing im Winter.
Das Gericht kann noch mit Tomatenwürfel garniert werden.

Pilzpfanne mit Polenta

Livio Tuena - Triacca

Zutaten für die Pilzpfanne

Rezept für 4 Personen als Hauptgang,
zur Vorspeise empfehlen wir Ihnen die Hälfte des Rezeptes

500	g	Pilzmischung frisch (Steinpilze und Pfifferlinge)
50	g	Zwiebeln
1		Knoblauchzehe
200	g	Kochspeck
1/2	dl	Olivenöl
200	g	Tomaten
1		Salzmischung
20	g	Petersilie
1		Pfeffer aus der Mühle

Zutaten für die Polenta

300	g	Maismehl
1/2	lt	Wasser
1/2	lt	Milch
1		Prise Salz

Vorbereitung

Die Zwiebel schälen und fein schneiden. Den Knoblauch ebenfalls schälen und halbieren.
Die Tomaten in siedendem Wasser blanchieren, schälen und vierteln. Das Innere mit den Sarnen entfernen. Die Tomaten anschliessend in kleine Würfel schneiden. Den Kochspeck ebenfalls in kleine Würfel schneiden.

Zubereitung

Für die Polenta die Milch mit Wasser und Salz aufkochen, das Maismehl unter ständigem Rühren zugeben und 1,5 Std. köcheln lassen.
Für die Pilzpfanne in einer Bratpfanne auf mittlerer Hitze die Zwiebeln und die halbierte Knoblauchzehe glasig dünsten. Die Speckwürfel dazu geben und kurz mitdünsten. Die Pilzmischung beifügen und unter ständigem Rühren ca. 10 Minuten weiter braten. Die Tomatenwürfel beigeben und weitere 10 Minuten köcheln lassen.
Vor dem Servieren mit Salzmischung und Pfeffer aus der Mühle würzen.

Anrichten

Auf einem heissen Teller die Polenta ringförmig anrichten, die Pilzmischung in den Ring geben und mit gehackter Petersilie garnieren.

Tipp

Zu diesem Gericht passt eine Zwiebel- oder eine Rahmsauce sehr gut.
Um ein Anbrennen der Polenta zu verhindern, können Sie ein Ofengitter zwischen Herd und Pfanne legen. Anstelle von Maismehl kann ohne weiteres auch Bramata Polenta verwendet werden.

Livio's Puschlaver Nudeln

Livio Tuena - Triacca

Zutaten für die Nudeln

Rezept für 4 Personen

200	g	Weissmehl
100	g	Buchweizenmehl
2		Eier
1	EL	Olivenöl
1		Prise Salz
3	dl	Wasser

Zutaten für die Sauce

500	g	Pfifferlinge
2	dl	Weisswein
80	g	Zwiebeln
1		Knoblauchzehe
3	dl	Rindsbouillon
100	g	Parmesan gerieben
1	EL	Olivenöl
30	g	Kochbutter
10	g	Petersilie gehackt

Vorbereitung

Das Weissmehl und das Buchweizenmehl auf eine saubere Arbeitsfläche geben und eine Mulde bilden. Die Eier, Wasser, Olivenöl und Salz in die Mulde geben und mit einer Gabel sorgfältig verrühren, dabei ständig Mehl vom Rand her unterarbeiten. Den Teig lang und kräftig durchkneten, bis er glatt und geschmeidig ist, zu einer Kugel formen und 20 Minuten ruhen lassen.

Zubereitung

Den Teig auf 3 mm Dicke ausrollen und in 7 cm lange Nudeln schneiden.
Im kochenden Salzwasser 5-7 Minuten kochen.
Für die Sauce die Pfifferlinge waschen und in mittelgrosse Stücke schneiden. In einem Kochtopf die fein geschnittenen Zwiebeln und den gepressten Knoblauch in Olivenöl glasig dünsten. Die geschnittenen Pfifferlinge beigeben und kurz mitdünsten, mit dem Weisswein ablöschen, abschmecken und zugedeckt 2 Minuten leicht köcheln lassen. Die Nudeln beigeben, und da die Pfifferlinge viel Flüssigkeit abgeben, kommt die Rindsbouillon nur nach und nach dazu. Zum Schluss die Kochbutter in Würfel geschnitten beigeben, würzen und das Ganze schwenken. Mit der gehackten Petersilie bestreuen.

Anrichten

In passendem Geschirr anrichten und geriebenen Parmesan oder Sbrinz separat dazu servieren.

BERGELL

Das Bergell (italienisch Val Bregaglia), bekannt durch seine Bergketten, die einzigartigen Felsformationen und die herrliche, unberührte Landschaft, bietet geschichtliche und kulturelle Höhepunkte und lässt sich bequem auf dem Panorama-Höhenweg oder auf einem der zahlreichen anderen Wanderwegen durchwandern. Wenn man das Bergell besucht, dann begibt man sich in ein Künstlerland, Heimat der Künstlerfamilie Giacometti, deren Werke im Museum von Stampa zu bewundern sind. Der Reiz dieses südlichen Bergtals liegt vor allem auch in der Urtümlichkeit seiner Dörfer und deren Bewohner. Das Bergell ist das Tal der oberen Mera (im Bergeller Dialekt Maira) zwischen dem Malojapass (1'815 m ü. M.) und dem lombardischen Chiavenna (333 m ü. M.). Der obere und weitaus grösste Teil des Tals gehört zum Kanton Graubünden, der untere Teil zur italienischen Provinz Sondrio. Unterhalb von Stampa befindet sich eine burgbewehrte Talenge (die Porta), die das Tal in die beiden Abschnitte Sopraporta und Sottoporta trennt. Der obere Abschnitt, das Sopraporta, ist alpin geprägt mit Lärchen und zählt bereits zur insubrischen Zone. Hier finden sich Kastanienwälder und später vereinzelte Palmen. Das Bergell ist tief eingeschnitten zwischen den Rätischen Alpen im Norden und den Bergeller Alpen im Süden. Der Silsersee markiert jenseits der Wasserscheide die politische Grenze zum Kreis Oberengadin. Der Loverobach bei Castasegna bildet die Landesgrenze zu Italien.

Pizzoccheri von Kastanien

Aldo Petti und Rudolf Pazeller

Zutaten für den Pizzoccheriteig

Rezept für 4 Personen

250	g	Weissmehl
70	g	Kastanienmehl
3	dl	lauwarme Milch
1	St	Ei
25	g	Sonnenblumenöl
1		Salz
1		Pfeffer aus der Mühle
1		etwas Wasser

Zutaten zum Anrichten

5	dl	Gemüsebrühe
80	g	Zwiebeln, fein gewürfelt
2		Knoblauchzehen gepresst
80	g	Butter
6		Salbeiblätter
40	g	Fontalkäse oder Taleggio
1	EL	gehackte Petersilie
12		Maroni gekocht
4		Coppascheiben
1	EL	Walnussöl
1		Salzmischung
1		Pfeffer aus der Mühle

Vorbereitung

Das Weissmehl und Kastanienmehl mischen. Die Salbeiblätter in feine Streifen schneiden und 8 Maroni in Scheiben schneiden. Das Weissmehl und Kastanienmehl mit der lauwarmen Milch, Öl, Eier und den Gewürzen zu einem glatten Spätzliteig schlagen, bis sich Blasen bilden. Bei Bedarf noch etwas Wasser zugeben und 15 Min. ruhen lassen.

Zubereitung

Den Teig durch ein Spätzlisieb oder mit einem Spätzlibrett in kochendes Salzwasser schaben. Einmal aufkochen lassen und in Eiswasser kurz abschrecken.

Die Butter in einer Sauteuse (Schwenkkochtopf) erhitzen. Zwiebeln und Knoblauch darin goldgelb dünsten und mit dem geschnittenen Salbei vermengen. Jetzt die Pizzoccheri in der Butter schwenken, anschliessend mit der Gemüsebrühe nach und nach aufgiessen und würzen.

Die geschnittenen Maroni dazugeben. Wenn die Pizzoccheri heiss sind, den Käse unter leichtem Rühren flockenweise dazugeben bis eine sämige Konsistenz entsteht, evtl. noch etwas Gemüsefond beigeben.

Die Coppascheiben in einer Pfanne kurz anbraten.

Anrichten

Die Pizzoccheri am besten in einem tiefen Teller anrichten, mit Walnussöl beträufeln und mit Petersilie bestreuen. Jetzt die gebratenen Coppascheiben und Maroni darauf anrichten und mit einem Salbeiblatt garnieren. Es kann noch geriebener Käse separat dazu gereicht werden.

Maronisuppe mit Merlot

Aldo Petti und Rudolf Pazeller

Zutaten

Rezept für 4 Personen

60	g	Kochbutter
250	g	geschälte Maroni, frisch oder TK
1,5	dl	Merlot
7	dl	Gemüsebrühe
2	dl	Halbrahm
1	Msp	Zimt
1		Salzmischung und Pfeffer aus der Mühle
1		Kartoffelstärke
2	EL	Schlagrahm
1	EL	Schnittlauch fein geschnitten

Albergo Corona • Familie Silvana und Aldo Petti
7603 Vicosoprano
Tel. +41 (0)81 822 12 35 • www.hotelcorona.ch

Vorbereitung
Die Maroni in Scheiben schneiden, den Schnittlauch fein schneiden.

Zubereitung
Die geschnittenen Maroni in der Butter andünsten und mit dem Rotwein ablöschen, anschliessend mit der Gemüsebrühe auffüllen. Ca. 10 Min. leicht köcheln lassen, den Rahm beifügen, mit Salzmischung, Pfeffer aus der Mühle und ganz wenig Zimt abschmecken und die Maroni für weitere 30 Minuten weich kochen. Die Suppe mixen, evtl. nochmals abschmecken und wenn nötig noch mit etwas angerührter Kartoffelstärke abbinden.

Anrichten
Die Suppe in eine passende Tasse oder Teller füllen, einen Teelöffel geschlagenen Rahm darüber geben und mit geschnittenem Schnittlauch garnieren.

DAS OBERHALBSTEIN

Das Oberhalbstein (rätoromanisch Surses) liegt zwischen Tiefencastel und dem Julierpass und wird vom Fluss Julia (rätoromanisch Gelgia) durchflossen. Die Mehrheit der knapp 2500 Talbewohner spricht das rätoromanische Idiom Surmeirisch (rätoromanisch Surmiran). Durch Zuwanderung wird die Bedeutung der deutschen Sprache aber immer grösser. In Bivio, der höchstgelegenen Gemeinde des Tales, wird auch italienisch gesprochen. Bedeutendster Ort ist der Ferienort Savognin, wo vor mehr als 30 Jahren die ersten Schneekanonen in der Schweiz für Furore sorgten. Das Tal hat seinen Namen vom Conterser Stein (Crap Ses) unterhalb von Cunter beim Taleingang. Die untere Talstufe bis Tinizong heisst Sotgôt (unterhalb des Waldes), jene darüber Surgôt (oberhalb des Waldes). Das Oberhalbstein hat eine Ausdehnung von fast 325 km². Der im Jahr 2006 geschaffene Naturpark Parc Ela ist mit 250 km² der grösste Naturpark der Schweiz. Auf einem Viertel der Fläche des Surses und des Albulatals will der Naturpark mit einer betont sanften Entwicklung den ländlichen Tourismus fördern und das Gebiet als Freizeit- und Erholungsgebiet präsentieren. Die Gemeinden des Oberhalbsteins sind von Nord nach Süd: Salouf, Riom-Parsonz, Cunter, Savognin, Tinizong-Rona, Mulegns, Sur, Marmorera und Bivio. Ausser Salouf und Riom-Parsonz liegen alle Orte an der Julier-Passstrasse. Würden diese Orte fusionieren, wäre die Gemeinde Surses die flächenmässig grösste Gemeinde der Schweiz.

R. MIRER 05

Oberhalbsteiner Kirchweihsuppe

Giancarlo Torriani

Zutaten

Rezept für 4 Personen

70	g	Kochbutter
1		Ei
1		Eigelb
50	g	Mehl
1,5	lt	Rindsbouillon oder Fleischbrühe
1		Salzmischung, Pfeffer, Muskatnuss
10	g	Schnittlauch

Zubereitung

Die Butter weich rühren und abwechselnd Ei, Mehl und Gewürze beigeben. Diese Masse 30 Min. stehen lassen. Mit zwei Kaffeelöffel nussgrosse Klösschen formen und in der nur schwach kochenden Bouillon 10 Minuten ziehen lassen, bis sie obenauf schwimmen.
Zuerst nur ein einziges Klösschen in die Brühe geben, wenn es auseinanderfällt, muss der Masse noch etwas Mehl beigemischt werden.

Anrichten

Die heisse Bouillon in einen Teller oder eine Tasse giessen, die pochierten Klösschen beigeben und mit Schnittlauch bestreuen.

Tipp

Die Kirchweihklösschen können auch mit einem Lauchauflauf wie folgt als Hauptgericht zubereitet werden:

Zutaten für den Lauchauflauf

Rezept von Rudolf Pazeller

500	g	Lauch
50	g	Kochbutter
1	dl	Vollrahm
1	dl	Bouillon
20	g	Parmesan
80	g	Zwiebel, fein geschnitten
20	g	Kochbutter
10	g	Schnittlauch geschnitten

Zubereitung und Anrichten des Lauchauflaufs

Den in Rauten geschnittenen Lauch in Kochbutter dünsten und abschmecken, mit Vollrahm und Bouillon aufgiessen, aufkochen und in eine passende Gratinform geben. Im Ofen bei 160°C ca. 30 Minuten backen. Parmesan 5 Min. vor Ende der Backzeit darüber streuen. Anschliessend auf einem passenden Teller anrichten und fünf pochierte Klösschen darauf setzen.
In einer Pfanne die Zwiebeln in genügend Butter goldgelb dünsten, über die Klösschen verteilen und mit dem geschnittenen Schnittlauch garnieren. Dazu passen am besten Salzkartoffeln.

Savogniner Brösmelisuppe

Giancarlo Toriani

Zutaten

Rezept für 4 Personen

2		Eier
50	g	Weissbrot oder auch Toastbrot ohne Rinde reiben
1		Prise Salzmischung
1,2	lt	Rindsbouillon oder Fleischbrühe
2	EL	Schnittlauch, krause Petersilie oder Blattpetersilie

Zubereitung

Die Eier schaumig rühren, geriebenes Brot und Salzmischung dazugeben. Die Rindsbouillon beigeben und in einem Kochtopf unter gelegentlichem Rühren zum Kochen bringen.

Anrichten

In einem heissen Suppenteller anrichten und etwas fein geschnittenen Schnittlauch oder gehackter Petersilie zum Garnieren über die Suppe streuen.

Murmeltierragout

Giancarlo Torriani

Zutaten

Rezept für 4 Personen

1,2	kg	Murmeltierfleisch geputzt und mit Knochen
2	lt	Rotwein
300	g	Mirepoix (Karotten, Knollensellerie, Zwiebeln und Lauch)
1		Gewürzsäcklein mit Rosmarin, Thymian, 20 g zerdrückten Pfefferkörner und 3 Lorbeerblätter
3	EL	Erdnuss- oder Sonnenblumenöl
1	EL	Tomatenpüree
1	dl	Balsamico-Essig
5-6		Walnüsse ganz mit Schale
2	lt	Wildjus
30	g	Zartbitterschokolade
25	g	Kochbutter flüssig
25	g	Weissmehl
60	g	Kochspeck in Würfel geschnitten
50	g	Perlzwiebeln geschält
80	g	Pfifferlinge
10	g	Kochbutter kalt
50	g	Weissbrot in Würfel geschnitten
10	g	Petersilie gehackt

Vorbereitung

Das Murmeltierfett minutiös vom Fleisch trennen, denn es ist sehr wichtig, dass das Fleisch vollständig fettlos ist. Die Schenkeln und Schultern abtrennen und die sichtbaren Drüsen unbedingt entfernen, man erkennt diese beim Abtrennen der Schultern. Nun das ganze Murmeltierfleisch inklusive Knochen in daumengrosse Stücke schneiden. Hier ist es wichtig, die Knochen nicht mit dem Messer zu verhacken, sondern mit einer Säge zu zerteilen.
Das Gemüse für das Mirepoix schälen und in nussgrosse Stücke schneiden und zusammen mit dem Fleisch und dem Gewürzsäcklein für 4 Stunden im Rotwein einlegen. Es soll aber nicht viel länger im Rotwein bleiben, denn wir wollen eine Mischung von Ragout und Wildpfeffer erhalten. Das Fleisch aus der Beize nehmen und gut abtropfen lassen. Die Beize aufkochen und durch ein feines Tuch passieren. Was im Tuch zurückbleibt, ist das Eiweiss vom Fleisch.
Die flüssige Kochbutter mit dem Weissmehl gut vermischen (zu einer „beurre manié“ verarbeiten) und kühl stellen.

Zubereitung

Das Murmeltierfleisch ohne Gemüse bei erhöhter Hitze in Erdnuss- oder Sonnenblumenöl anbraten und das Fleisch auf ein Ofengitter legen, damit es gut abtropfen kann. Um wirklich das ganze Fett abtropfen zu lassen, ist es empfehlenswert, das angebratene Fleisch auf dem Ofengitter im Backofen in der mittleren Rille bei 180°C für 5 Minuten weiter zu braten. Das abgetropfte Fett entsorgen und das Fleisch gut mit Küchenpapier abtupfen. Das Gemüse in einem Kochtopf mit Erdnuss- oder Sonnenblumenöl anbraten. Das angebratene Fleisch und das Tomatenpüree beigeben und kurz mitrösten. Mit der Beize ablöschen und mit dem Wildjus auffüllen. Das Gewürzsäcklein und die halbierten Walnüsse mit Schale, falls nicht vorhanden ohne, beigeben und ca. 2,5 bis 3 Stunden zugedeckt leicht köcheln lassen, bis sich das Fleisch leicht von den Knochen lösen lässt und doch fest ist. Die Fleischstücke aus der Sauce nehmen und diese durch ein Sieb passieren, nochmals aufkochen und mit der „beurre manié“ leicht abbinden, Löffelprobe vornehmen. Die Sauce mit der Zartbitterschokolade und dem Balsamico-Essig verfeinern, nochmals gut abschmecken und das Fleisch wieder dazugeben.
Für die Garnitur die Speckwürfel in einer Bratpfanne erhitzen und anbraten, die geschälten und geviertelten Perlzwiebeln beigeben und zum Schluss die Pfifferlinge mitdünsten, abschmecken und warmstellen.
Die Brotwürfel in Kochbutter knusprig rösten.

Anrichten

Das Murmeltierragout auf einen heissen Teller anrichten und die Garnitur und Brotcroutons sowie die gehackte Petersilie darüber geben.
Als Stärkebeilage empfehlen wir Spätzli, Spinatpizokeli oder Polenta.
Als Gemüsebeilage Rotkraut, Rosenkohl, Maroni, pochierte halbierte Birne sowie Preiselbeerkompott.

Tipp

Gibt es weder frische noch tiefgekühlte Perlzwiebeln, so können in Butter gedünstete Zwiebelstücke als Ersatz genommen werden.

Kalbskutteln Grossmutterart

Giancarlo Torriani und Rudolf Pazeller

Zutaten

Rezept für 4 Personen

800	g	Kutteln vom Kalb
120	g	Zwiebeln
1		Knoblauchzehe gepresst
100	g	Gemüsestreifen (Karotten, Lauch, Sellerie)
1	TL	gehackte Petersilie
70	g	Kochbutter
20	g	Olivenöl
1	EL	Tomatenmark
450	g	Tomatenwürfel oder Pelati (geschälte Tomaten)
20	g	Salzmischung
1	dl	Weisswein
6	dl	Wasser
1/2	TL	Salbei gemahlen
1/2	TL	Kümmel leicht gehackt
1	TL	Majoran ganz
1		Zitronensaft
1		Prise Nelken gemahlen
1	TL	Bouillonpaste
1	dl	Demi-glace oder Bratensauce
1		Worcestershire-, oder Kikkoman Sojasauce
1	EL	braune Butter (zum Überbacken und nicht für die Sauce)
1	EL	Marsala
1/2	TL	Kartoffelstärke zum Binden
1/2		Knoblauchzehe gepresst
1		Salbeiblatt in Streifen geschnitten

Hotel Solaria • Familie Giancarlo Torriani • 7457 Bivio
Tel. +41 (0)81 684 51 07 • www.hotelsolariabivio.ch

Zubereitung

Die Zwiebeln mit dem gepressten Knoblauch, den Gemüsestreifen und der Petersilie in Olivenöl und Kochbutter dünsten. Das Tomatenpüree beigeben und mitdünsten, die in feine Streifen geschnittenen Kutteln beimischen und ebenfalls kurz mitdünsten. Mit Weisswein ablöschen, Tomatenwürfel oder die in grobe Würfel geschnittenen Pelati, die Bouillonpaste, die Demi-glace/Bratensauce und die Gewürze beigeben. Kurz abschmecken und alles zusammen ca. 2,5 Stunden köcheln lassen.
Zum Schluss mit Marsala verfeinern und mit Salzmischung, Pfeffer aus der Mühle und Worcestershire- oder Kikkoman Sojasauce nochmals abschmecken.
Abschmecken in drei Phasen: zu Beginn, in der Mitte und am Schluss der Garzeit.

Anrichten

Kutteln in passendem Teller anrichten, mit Parmesan bestreuen und mit wenig Tomatenwürfeln garnieren.
Mit goldbrauner Butter, in welche 1/2 gepresste Knoblauchzehe und Salbeiblätter gegeben wurden, übergiessen.

Tipp

Dazu passen hervorragend Salzkartoffeln.

ALBULA

Das Albulatal (rätoromanisch Val da l'Alvra) ist ein von der Albula durchflossenes, 20 Kilometer langes Tal in Mittelbünden. Wichtigste Ortschaften sind Tiefencastel, Alvaneu, Filisur, Bergün und Preda. Rund ein Dutzend meist «kleine und feine» Gemeinden, wovon keine mehr als 500 (meist unter 200) Einwohner zählt, bevölkern diesen nur auf den ersten Blick unscheinbaren Flecken Erde. Das Tal liegt zwischen 1'000 und 1'800 m ü.M. und endet in Bergün/Preda, am Fusse des Albulapasses. Dieser Pass war bereits zur Zeit der Römer eine wichtige Verbindung nach Süden. Das Tal ist berühmt durch die Rhätische Bahn, welche mit weltbekannten Zügen, wie Glacier-Express und Bernina-Express über kühne Viadukte, durch Tunnels und Kehren fährt. Die Albulalinie der Rhätischen Bahn erhielt 2008 zusammen mit der Berninalinie die Auszeichnung «UNESCO Weltkulturerbe».
Ursprüngliche Sprache war das Rätoromanische in den Dialekten Surmiran und Bargunsegner. Die deutsche Sprache hat in den letzten Jahrzehnten zunehmend an Bedeutung gewonnen. Der Fremdenverkehr konzentriert sich hauptsächlich auf Bergün. Im Winter wird der für den Autoverkehr gesperrte Albulapass zwischen Preda und Bergün als Schlittelpiste benutzt, welche mit sechs Kilometern zu einer der längsten in Europa gehört. Bekannt ist auch die einzigartige Wintereisbahn/ Skateline (ein vereister, drei Kilometer langer Wanderweg) zwischen Alvaneu Bad (Therme und Golfplatz) und Surava.

Am Anfang
Wort und
das Wort war

Currysuppe mit Crevetten

Markus Beer

Zutaten

Rezept für 4 Personen

Für die Currysuppe benötigt man zuerst eine Curryrahmsauce

50	g	Zwiebel grob gehackt
50	g	Apfel geschält und gewürfelt
50	g	Banane geschält und geschnitten
10	g	Erdnussöl
5	g	Tomatenmark
10	g	Kokosraspel
15	g	Currypulver
4	dl	leichte Hühnerbouillon
1		Knoblauchzehe klein
10	g	Kikkoman Sojasauce
10	g	süsse Sojasauce (Ketjap Manis)
1/2	TL	Sambal Oelek
3	cl	Orangensaft
1	dl	Vollrahm
1		Salzmischung und Pfeffer aus der Mühle

Zutaten Currysuppe

7,5	dl	Curryrahmsauce (siehe Rezept oben)
0,7	dl	Hühnerbouillon
1,5	dl	Kokosmilch ungesüsst
2		Zitronengrasstängel
50	g	frischer Ingwer
80	g	hellgrüner Lauch
2	cl	Noilly Prat
1	dl	Schlagrahm
4	MSP	rotes Currypulver
4-8		Riesencrevetten (je nach Grösse)
1	TL	Kartoffelstärke
1	TL	Sesamöl
4		Korianderblätter

Vorbereitung

Für die Curryrahmsauce zunächst Banane, Apfel, Zwiebel und Knoblauch rüsten und schneiden. Das Zitronengras und den Ingwer in feine Streifen schneiden. Den Lauch ebenso in feine Streifen schneiden und für ca. 2 Minuten in leichtem Salzwasser knackig kochen. Den Rahm schlagen. Von den Riesencrevetten die Schale entfernen und entdarmen, indem man am Rücken der Crevette einen länglichen, nicht zu tiefen Schnitt macht, und den schwarzen „Faden" entfernt. Kurz mit kaltem Wasser abspülen.

Zubereitung der Curryrahmsauce

Das Öl erhitzen und die Zwiebeln und Knoblauch darin glasig dünsten. Apfel und Banane beigeben und kurz mitanziehen. Tomatenpüree dazugeben, gut rühren und mit der Hühnerbouillon aufgiessen. Alle weiteren Zutaten der Curryrahmsauce, ausser dem Rahm, beigeben und für 15 Minuten leicht köcheln lassen. Das Ganze mit einem Stabmixer gut pürieren, durch ein Sieb passieren und mit dem Rahm kurz aufkochen. Gelegentlich noch mit Salzmischung und Pfeffer aus der Mühle abschmecken.

Zubereitung der Currysuppe

Die Curryrahmsauce mit dem Ingwer, dem Zitronengras, Kokosmilch und Hühnerbouillon für 15 Minuten leicht kochen lassen. Anschliessend mixen, passieren und warm halten. Die Crevetten in einer Pfanne beidseitig für ca. 2 - 4 Minuten braten, bis sie bei der Nadelprobe warm sind (42°C). Die Suppe mit der Hälfte des Schlagrahms und mit Noilly Prat abrunden, evtl. mit angerührter Kartoffelstärke noch leicht abbinden.

Anrichten

Den blanchierten Lauch mit Sesamöl schwenken, leicht würzen, mit wenig Wasser ablöschen und in die Mitte eines vorgewärmten Suppentellers anrichten. Die heisse Curryschaumsuppe mixen und umgiessen, mit dem restlichen Schlagrahm garnieren und je nach Geschmack mit wenig rotem Currypulver vorsichtig bestreuen (Achtung: sehr scharf!)
Die Riesencrevetten beispielsweise auf einen Holzspiess oder auch auf einen Zitronengrasspiess stecken und auf den Lauch platzieren.
Mit Korianderblättern garnieren.

Tipp

Sehr grosse Crevetten am besten halbieren, denn sonst ist es schwierig, die Crevette mit einem Suppenlöffel zu essen.

Rindsfiletwürfel Fürst von Belfort

Markus Beer

Zutaten Schalottensauce (ergibt ca. 2.5dl)

Rezept für 4 Personen

15	g	Butter
100	g	Schalotten fein gewürfelt
20	g	Zucker
0,5	dl	Portwein rot
2,5	dl	kräftiger Rotwein
2	dl	Kalbsjus
1		Lorbeerblatt
2		Thymianzweige
1		Salzmischung
1		Pfeffer aus der Mühle
10	g	Honig
10	g	kalte Butter

Zutaten Rindsfiletwürfel

600	g	Rindsfilet vom Mittelstück, küchenfertig
4		Thymianzweige
30	g	Erdnussöl
2,5	dl	Schalottensauce
400	g	Brokkoli

Hotel Restaurant Belfort • Familie Emma und Markus Beer
7492 Alvaneu Dorf
Tel. +41 (0)81 410 70 70 • www.belfort.ch

Vorbereitung Schalottensauce

In einer Pfanne die Butter erhitzen, Schalotten und Zucker beigeben und langsam leicht karamellisieren lassen. Den Portwein dazu geben und leicht einkochen lassen. Den Rotwein beifügen und nochmals reduzieren lassen. Schliesslich den Kalbsjus, Lorbeer, 2 Thymianzweige und den Honig dazu geben und einkochen lassen, bis die Sauce eine leicht gebundene Konsistenz hat. Vor dem Servieren die kalte Butter einrühren und mit Salzmischung und Pfeffer aus der Mühle abschmecken. Das Lorbeerblatt und die Thymianzweige der Sauce entnehmen.

Vorbereitung Rindsfilet

Das Rindsfilet in gleichgrosse Würfel von ca. 2 cm schneiden.
Den Brokkoli zu Röschen rüsten und waschen. Anschliessend in kochendem Salzwasser für ca. 3 Min. weich kochen.

Zubereitung

Das Erdnussöl in einer Pfanne stark erhitzen. Die Rindsfiletwürfel in 2 Gängen kurz und scharf anbraten und mit Salzmischung würzen.
Das Fleisch abtropfen lassen und in die heisse aber nicht kochende Schalottensauce geben und kurz darauf anrichten.

Anrichten

Das Fleisch in die Mitte eines heissen Tellers geben und mit der Schalottensauce leicht überziehen. Die Brokkoliröschen rings um das Fleisch geben. Mit Thymianzweig garnieren.

Tipp

Hervorragend passt zu diesem Gericht ein Kartoffelstock. Je nach Wunsch können die Brokkoliröschen mit einer Mandelbutter verfeinert werden.

DAVOS KLOSTERS, PRÄTTIGAU

Vor rund 700 Jahren von den Walsern erstmals besiedelt, hat sich Davos zur höchstgelegenen Ferien- und Kongressstadt Europas entwickelt. Wo es früher Kranke in die Sanatorien hinzog (man erinnere sich an den Weltroman von Thomas Mann «Der Zauberberg»), tagt heute das World Economic Forum – das Weltwirtschaftsforum und ist der berühmte HCD – Hockeyclub Davos zuhause, der alljährlich zwischen Weihnachten und Neujahr den in der Hockeywelt viel beachteten Spenglercup durchführt. Neben der kulturellen und gastronomischen Vielfalt ist Davos Klosters ein Zentrum des Winter- und Sommersports. Die Seitentäler und das Prättigau – das Tal zwischen Landquart und Klosters – haben aber ihren ursprünglichen Charakter bewahrt. In der Umgebung dieser kleinen und feinen Orte wie z.B. Seewis, Grüsch oder St. Antönien findet man unberührte Ecken und naturnahe Angebote.

Der Kontrast ist einmalig und könnte wohl nicht grösser sein zwischen dem städtischen Davos und dem beschaulichen Klosters, das bis heute seinen dörflichen Charakter bewahrt hat. Zwei Dinge haben beide Orte gemeinsam: Die faszinierende Bergnatur begeistert. Und die Vielfalt des Sport-, Freizeit- und Kulturangebotes überzeugt. Man kann die Ferientage so erlebnisreich und erholsam gestalten wie man will. Denn hier pulsiert Leben. Man kann hier aber auch die Ruhe geniessen. Prinz Charles tut dies mit seiner königlichen Familie in Klosters immer wieder und dies seit Jahren.

Liebe
solidaritä
Ş. MIREA
2001

Prättigauer Hochzeitssuppe

Armin Amrein

Zutaten für die Schweinsrippchenbrühe

Rezept für 4 Personen

1	lt	Gemüsebrühe von den Abschnitten der Gemüsewürfel (siehe Zutaten für die Suppe)
1		Zwiebel
1		Lorbeerblatt
1		Nelke
300	g	geräucherte Schweinsrippchen

Zutaten für die Suppe

20	g	Kochbutter
20	g	Schalotten fein gewürfelt
50	g	Karotten fein gewürfelt
50	g	Sellerie fein gewürfelt
50	g	Lauch fein gewürfelt
7,5	dl	Schweinsrippenbrühe
1,5	dl	Vollrahm
100	g	Schweinsrippenwürfel
1		Salzmischung und Pfeffer aus der Mühle
1	dl	Vollrahm
1		Eigelb
1	EL	geschlagenen Rahm
1	EL	geschnittenen Schnittlauch
1		Brotcroutons

Vorbereitung

Die Gemüseabschnitte mit der Zwiebel, dem Lorbeer, der Nelke und mit den geräucherten Schweinsrippchen für ca. 1 Stunde weich kochen. Rippchen heraus nehmen und die Brühe passieren. Von den Schweinsrippli die Knochen und die Fettteile entfernen und das Fleisch in Würfel schneiden. Schalotte fein würfeln, Vollrahm und Eigelb vermischen und kühlen. Den Schnittlauch fein schneiden.

Zubereitung

Die gehackten Schalotten und die Gemüsewürfel in der Butter andünsten, die Schweinsrippenwürfel dazugeben und mitdünsten. Mit der kräftigen Bouillon ablöschen und den Rahm beigeben. Etwa 5 Minuten köcheln lassen bis das Gemüse „al dente" ist. Mit Salzmischung und Pfeffer aus der Mühle abschmecken und mit dem Eigelb-Rahmgemisch die Suppe binden.

Anrichten

In vorgewärmte Suppenteller anrichten, mit dem Schlagrahm, den Brotcroutons und geschnittenem Schnittlauch garnieren.

Tipp

Die Suppe darf nach der Beigabe der „Liaison", d.h. von Rahm und Eigelb, nicht mehr kochen, da sie sonst gerinnt.

Davoser Lammkarree mit Senf-Kräuterkruste und Petersilienpüree

Armin Amrein

Zutaten Lammkarree

		Rezept für 4 Personen
600	g	Lammkarree küchenfertig
2	EL	Erdnuss- oder Sonnenblumenöl
1	EL	Kochbutter
1		Salzmischung und Pfeffer aus der Mühle
2	TL	Englisch-Senfpulver
4	TL	Weisswein
1	EL	Mie de Pain (weisses Paniermehl)
2	EL	gehackte Kräuter (Petersilie, Rosmarin, Thymian und Majoran)
1	EL	zerlaufene Kochbutter

Zutaten Petersilienpüree

100	g	glatte Petersilie
100	g	gekrauste Petersilie
100	g	frischen Blattspinat
2		Schalotten, fein gehackt
1		Knoblauchzehe, fein gehackt oder gepresst
50	g	Kochbutter
2,5	dl	Vollrahm, auf 1dl einkochen
1		Salzmischung und Pfeffer aus der Mühle

Hotel Walserhof • Familie Corina und Armin Amrein-Juon
7250 Klosters • Landstrasse 141 • Tel. +41 (0)81 410 29 29
www.walserhof.ch

Vorbereitung

Für die Kräuterkruste das Englisch-Senfpulver mit dem Weisswein vermischen und ca. eine halbe Stunde ziehen lassen. Dann mit dem weissen Paniermehl, den fein gehackten Kräutern und der zerlaufenen Butter vermischen, mit Hilfe einer Klarsichtfolie eine ca. 2 cm dicke Rolle formen und im Kühlschrank fest werden lassen.

Zubereitung

Das Lammkarree mit Salzmischung würzen und mit Erdnuss- oder Sonnenblumenöl und Butter auf allen Seiten in einer Bratpfanne gut anbraten. Bei regelmässigem Wenden auf eine Kerntemperatur von 55°C fertig braten und dann bei 70°C Ofentemperatur für ca. 10 Minuten ruhen lassen. Oder das scharf angebratene Lammkarree auf ein Ofengitter legen und im Backofen mit Umluft bei 120°C auf empfehlenswerte 55°C Kerntemperatur braten. Die vorbereitete Senf-Kräuterkruste in dünne Scheiben schneiden, gleichmässig auf das Lammkarree verteilen und im Backofen bei maximaler Oberhitze oder unter dem Salamander kurz gratinieren.

Die Petersilie und den Blattspinat waschen und im leicht gesalzenen Wasser weich kochen. Im Eiswasser abkühlen, gut trocknen bzw. ausdrücken und fein hacken. Schalotten und Knoblauch in Butter goldgelb dünsten, den Rahm, die gehackte Petersilie und den Blattspinat beigeben, abschmecken und alles im Mixer fein pürieren.

Anrichten

Das Petersilienpüree auf einen Teller anrichten, das Lammkarree aufschneiden und daneben platzieren, mit wenig kräftigem Lammjus umziehen. Mit glasierten, jungen Karotten und neuen Bratkartoffeln servieren.

Tipp

Garstufen bei Lammfleisch: bei 45°C wäre es noch blutig und bei über 60°C bereits zu durchgebraten, um es danach noch zu gratinieren. Daher empfehlen wir Ihnen eine Kerntemperatur von 55°C.

Bündner Gemsjäger

Klosterser Chrutchräpfli mit Fanaser Bergkäse

Armin Amrein

Zutaten Ravioliteig

Rezept für 4 Personen

2		Eier
1	EL	Olivenöl
1	TL	Salz
200	g	Weissmehl

Zutaten Füllung

50	g	Magerspeckwürfel
2	EL	Kochbutter
1		Zwiebel fein gewürfelt
2		Knoblauchzehen gepresst
200	g	frischer Blattspinat (oder 100g TK-Blattspinat)
1	TL	Petersilie fein gehackt
1	TL	Schnittlauch fein geschnitten
1	TL	Kerbel fein gehackt
1	TL	Rosmarin fein gehackt
1	TL	Thymian fein gehackt
2	EL	Vollrahm
2	EL	Parmesan gerieben
1		Salzmischung und Pfeffer aus der Mühle

Garnitur

1		Eiweiss
2	EL	Kochbutter
3	EL	weisses Paniermehl
1		Salz
100	g	Novaier Alpkäse oder anderer jähriger Bergkäse
100	g	Pfifferlinge
100	g	Kochbutter

Vorbereitung

Für den Ravioliteig die Eier mit dem Olivenöl und dem Salz mixen und 1 Stunde stehen lassen. Mehl dazugeben, einen Teig herstellen und luftdicht mit Klarsichtfolie etwa 1 Stunde ruhen lassen.
In der Zwischenzeit die Füllung herstellen.
Für die Füllung den Spinat in Salzwasser kurz überwallen, im Eiswasser abschrecken und gut ausdrücken, anschliessend fein hacken.
Die Speckwürfel in Butter andünsten, Zwiebeln und Knoblauch dazugeben. Den Spinat und die Kräuter dazugeben und kurz mitdünsten. Den Rahm beifügen und mit Parmesan binden. Vom Herd nehmen, mit Salzmischung und Pfeffer aus der Mühle abschmecken und sofort kühl stellen. Dann die Masse gut ausdrücken, den Fond in einem kleinen Kochgeschirr reduzieren lassen und wieder zur Füllung dazugeben. Anschliessend Kugeln von ca.15 g formen und wieder kühl stellen.
Die Hälfte der Butter in einer Pfanne leicht schmelzen lassen und mit dem Paniermehl glatt rühren.

Zubereitung

Den Ravioliteig in 2 gleichgrosse Stücke teilen und auf leicht bemehlter Arbeitsfläche hauchdünn ausrollen. Mit einem runden Ausstecher von 6 cm Durchmesser Rondellen ausstechen und diese mit der Füllung in die Mitte platzieren, mit der Bröselbutter leicht beträufeln, den Rand mit Eiweiss bepinseln und zu halbmondförmigen Raviolis zusammenklappen. Die Ränder mit einer Gabel andrücken und für 5 Minuten im leichten Salzwasser kochen.

Anrichten

Chrutchräpfli mit einer Schaumkelle aus dem Wasser nehmen und auf vorgewärmte, eingebutterte Teller anrichten. Mit dünnen Scheiben von Novaier Bergkäse belegen. Dann die aufgeschäumte, leicht gewürzte Nussbutter (gebräunte Butter) darüber übergiessen und schliesslich mit den gebratenen Pfifferlingen und fein geschnittener Blattpetersilie servieren.

Tipp

Den Teig, der bei den Raviolis übrig bleibt, könnte man für Nudeln verwenden.

Knusprige Haselnussblätter mit Waldbeeren und Himbeersorbet

Armin Amrein

Zutaten für die Japonaismasse

Rezept für 4 Personen

1		Eiweiss
12	g	Kristallzucker
30	g	Haselnüsse fein gemahlen
30	g	Kristallzucker

Zutaten für die Zitronencreme

1	TL	Zitronensaft
1/2	TL	Zitronenabrieb
1		Ei
75	g	Zucker
40	g	Kochbutter
1/2	Blatt	Gelatine, eingeweicht
2	dl	Vollrahm, geschlagen

Zutaten für das Himbeersorbet

45	g	Kristallzucker
7	g	Glucose
70	g	Wasser
170	g	Himbeerpüree

Zutaten für die Beerensauce und Garnitur

200	g	rote Beeren
1		Puderzucker
1		Zitronensaft
1		beliebige Waldbeeren mit Grand Marnier marinieren
4		Pfefferminzblätter

Zubereitung

Für die Japonaismasse das Eiweiss und den Zucker steif schlagen, die Haselnüsse und den restlichen Zucker unterheben. Die Masse mit Hilfe einer runden oder viereckigen Schablone dünn auf eine Silikonmatte streichen. Im Backofen auf mittlerer Schiene bei 160°C ca. 8 Minuten knusprig backen. Die Japonaisblätter auf einem Gitter auskühlen lassen.

Für die Creme den Zitronensaft, den Zitronenabrieb, den Zucker und das Ei verrühren und im Wasserbad auf 85°C zur Rose abziehen. Danach durch ein Sieb passieren, die Kochbutter und die Gelatine beigeben, kurz mixen und erkalten lassen. Vor Gebrauch den geschlagenen Rahm vorsichtig unter die kalte Creme heben.

Für das Sorbet das Wasser mit Zucker und Glucose aufkochen, zum Himbeerpüree geben und frieren.

Für die Sauce die roten Beeren mixen und mit Puderzucker und Zitronensaft abschmecken. Durch ein feines Sieb passieren und nach Bedarf mit etwas Mineralwasser verdünnen und mit Grand Marnier parfümieren.

Anrichten

Auf jeweils 2 Japonaisblätter mit einem Spritzsack Zitronencreme spritzen, mit Beeren belegen, diese zwei Schichten aufeinander setzen und mit einem Japonaisblatt zudecken. Mit Puderzucker ein beliebiges Muster auf das oberste Blatt stäuben. Die Beerensauce auf dem Teller als Spiegel anrichten, das Japonais-Türmchen auf den Beeren-Saucenspiegel setzen und mit Beeren, Puderzucker und Pfefferminzblättchen garnieren. Zum Schluss eine Kugel oder Nocke Himbeersorbet daneben platzieren.

Tipp

Die Schablone kann aus einem glatten und plastifizierten Karton oder aus einem dünnen Plastikdeckel geschnitten werden.

BÜNDNER HERRSCHAFT

Die Bündner Herrschaft ist der nördlichste Teil des Kantons Graubünden im Churer Rheintal und liegt am rechten Rheinufer zwischen dem Fluss Landquart im Süden, dem Rhein und dem St. Galler Oberland mit Bad Ragaz im Westen, dem Rätikon mit Vilan und Falknis im Osten und dem St. Luzisteig und Liechtenstein mit Balzers im Norden.

Die Bündner Herrschaft gilt als die wärmste Weinregion in der deutschsprachigen Schweiz. Sie umfasst die vier Gemeinden Fläsch, Maienfeld, Jenins und Malans und bildet den Kreis Maienfeld im Bezirk Landquart mit etwa 5'800 Einwohnern. Hier pflegen rund 300 Winzer mit viel Liebe rund 20 verschiedene Weinsorten. Der heute noch für den Kreis gebräuchliche Name Bündner Herrschaft leitet sich von der Zeit her, als die Gerichte Maienfeld und Malans Untertanengebiet der drei Bünde Grauer Bund, Gotteshausbund und Zehngerichtebund waren. Als Teil des Zehngerichtebunds waren die «Herrschäftler» zugleich Beherrschte und Beherrschende.

Hauptort ist Maienfeld mit 2'700 Einwohnern. Das Städtchen kurz vor der Bündner Hauptstadt Chur ist das Tor zu Graubünden. Die wohl berühmteste Bündnerin, das Heidi, die Romanfigur von Johanna Spyri, stammt aus Maienfeld. Hier erlebte Heidi ihre Abenteuer mit Geissen-Peter und dem alten Alp-Öhi. Wer auf Heidis Spuren wandern möchte, erreicht vom Städtchen Maienfeld aus auf dem kleinen oder grossen Heidiweg den Heidibrunnen, das Heidihaus und die Heidialp. Ein weiträumiges Wandergebiet erschliesst die Älplibahn unweit von Malans.

P. MIRGA
2010

Kalbscrepinette mit Morcheln

Yves Rohner

Zutaten Kalbssteak

Rezept für 4 Personen

4		Kalbssteaks, küchenfertig, zu je 140 g
120	g	frische Morcheln oder 50 g getrocknete Morcheln
10	g	Kochbutter
20	g	Schalotten
60	g	Vollrahm
20	g	weisser Portwein
1		Schweinenetz
1		Salzmischung und Pfeffer aus der Mühle

Zutaten Sauce

1,5	dl	kräftiger Rotwein (Blauburgunder)
0,5	dl	roter Portwein
1,5	dl	Kalbsjus
1	dl	Vollrahm
je 1		Thymianzweig und Rosmarinzweig
1	TL	Kartoffelstärke

Vorbereiten

Das Schweinenetz gut wässern. Die getrockneten Morcheln für 15 Minuten in lauwarmes Wasser einweichen und anschliessend die Morcheln der Länge nach vierteln. In der Spitze der Morcheln befindet sich gerne Sand und deswegen werden die Morcheln dreimal mit viel Wasser gut gewaschen. Die getrockneten Morcheln (wie oben hergerichtet) werden mit Butter und Schalotten in einem Kochtopf solange angeschwenkt bis sie „knacken". Dann mit Cognac und weissem Portwein ablöschen. Mit etwas Kalbsjus und Rahm bedecken, würzen und 20 Minuten leicht köcheln. Anschliessend erkalten lassen und ein paar Morcheln als Garnitur beiseite legen. Wenn frische Morcheln verwendet werden, diese nur vierteln und gleich zubereiten wie die getrockneten. Die Kalbssteaks mit Salzmischung und Pfeffer aus der Mühle würzen und in heissem Öl kurz und scharf anbraten, wieder herausnehmen und erkalten lassen.
Backofen auf 160° C vorheizen.

Zubereitung

Das Schweinenetz auf die Arbeitsfläche ausbreiten, die angebratenen Kalbssteaks darauf platzieren, mit dem Morchelragout bedecken und anschliessend jedes Steak mit dem Schweinenetz einschlagen. Nur so viel Schweinenetz verwenden bis das Kalbssteak mit nur einer Schicht eingewickelt ist. Restliches Netz abschneiden. Die Steaks auf eine Gratinschale legen und für 8 - 10 Minuten in den vorgeheizten Backofen schieben. Kerntemperatur 54° C.
In der Zwischenzeit für die Sauce alle Zutaten, ausser Kartoffelstärke, in einem Topf für ca. 5 Minuten leicht kochen lassen, mit Salzmischung und Pfeffer aus der Mühle abschmecken, evtl. noch mit etwas Kartoffelstärke binden und anschliessend durch ein feines Sieb passieren.

Anrichten

Einen Saucenspiegel auf einen vorgewärmten Teller anrichten, darauf das Kalbssteak platzieren und mit den Morcheln garnieren.

Tipp

Zum Kalbssteak passen hervorragend Spargeln oder wie hier abgebildet Pizokals mit Spargeln und frisches Saisongemüse.

Rieslingsuppe mit Saibling

Yves Rohner

Zutaten

		Rezept für 4 Personen
15	g	Kochbutter für die Mehlbutter
25	g	Weissmehl
15	g	Kochbutter
40	g	Zwiebeln
½		Knoblauchzehe, gepresst
600	g	Kartoffeln, geschält
1	EL	Noilly Prat
5	dl	Riesling - Sylvaner
1	lt	Gemüsebouillon hell
3,5	dl	Vollrahm
½	TL	Salzmischung
160	g	Saiblingsfilet, enthäutet und entgrätet
50	g	Vollrahm, geschlagen

Schloss Brandis • Familie Gabriela und Roland Herrmann
7304 Maienfeld • Tel. +41 (0)81 302 24 23 • www.schlossbrandis.ch

Vorbereitung
Die Saiblingsfilets enthäuten, mit einer Pinzette die Gräte ziehen und die Filets in Streifen schneiden. Die Butter erwärmen, das Weissmehl beigeben, gut vermischen und auskühlen lassen. Die Zwiebeln fein schneiden und die halbe Knoblauchzehe pressen. Die Kartoffeln in kleine Würfel schneiden.

Zubereitung
In einem passenden Kochtopf die Zwiebeln und den Knoblauch in der Butter glasig dünsten. Mit Noilly Prat ablöschen, mit der Gemüsebouillon auffüllen und die Kartoffelwürfel beigeben. Die Suppe leise köcheln lassen. Wenn die Kartoffeln gar sind, alles gut vermixen und durch ein Haarsieb passieren. Den Riesling - Sylvaner und den Vollrahm beigeben und mit der Mehl-Butter auf die gewünschte Dicke abbinden. Weitere 20 Minuten leicht köcheln lassen und die Löffelprobe vornehmen.
Wenn nötig zum Schluss nochmals etwas abbinden und abschmecken.
Die Saiblingsfiletstreifen leicht würzen und in wenig Weisswein Riesling-Sylvaner für ca. 1 Minute pochieren.

Anrichten
Die pochierten Fischfiletstreifen in heisser Suppentasse anrichten.
Die aufgekochte Suppe nochmals aufmixen und mit einer Schlagrahmhaube anrichten. Mit Dill oder beliebigen Kräutern garnieren.

Tipp
Sollte zum Abbinden von Suppen und Saucen noch Mehl-Butter fehlen, so kann dies mit Maizena oder Kartoffelstärke in wenig Wasser angerührt nachgeholt werden.

Spargelpizzokels

Yves Rohner

Zutaten

Rezept für 4 Personen

200	g	Weissmehl
80	g	lauwarme Milch
2		Eier
1		Salz
1		Aromat
1		Muskat und Pfeffer aus der Mühle
200	g	Spargelfond
80	g	Halbrahm
50	g	junger geriebener Alpkäse
120	g	Ragout von gekochten Spargeln
1		Salzmischung und Pfeffer aus der Mühle
50	g	Schlagrahm

Vorbereitung

In einer Schüssel das Mehl mit den Eiern, der Milch und Gewürzen mischen. Alles zu einem glatten Spätzliteig schlagen bis sich Blasen bilden und anschliessend für 30 Minuten im Kühlschrank ruhen lassen. Die Spargeln in leichtem Salzwasser mit wenig Zucker und Butter weichkochen. Den Spargelfond aufbewahren und die Spargeln, ausser die Spitzen, in kleine Scheiben schneiden. Alpkäse fein reiben.

Zubereitung

Den vorbereiteten Teig auf ein Holzbrettchen geben und in kochendes Salzwasser schaben. Natürlich kann der Pizzokelteig auch durch ein Spätzlisieb gedrückt werden. Wenn die Pizzokels oben aufschwimmen (ca. nach 3 Min.) mit einer Schaumkelle herausnehmen. In einem mittleren Kochtopf die Hälfte des Spargelfonds mit dem Halbrahm aufkochen und die fertigen Pizzokels darin schwenken. Das Spargelragout, den Alpkäse und den Schlagrahm dazugeben und alles zu einer sämigen Konsistenz rühren. Mit Salzmischung und Pfeffer aus der Mühle abschmecken, evtl. noch etwas Spargelfond dazugeben.

Anrichten

Die Spargelpizzokels werden zu einer Kalbscrepinette mit Morcheln und jungem Gemüse serviert und mit den Spargelspitzen und Kräutern garniert. Sie runden aber auch andere Frühlingsgerichte herrlich ab.

CHURER RHEINTAL

Chur, die Hauptstadt Graubündens, liegt im breiten Tal des Alpenrheins, der hier von Westen kommend in nördliche Richtung abdreht, welche er bis zum Bodensee im Wesentlichen beibehält. Die Plessur, ein geschiebereicher Wildfluss, der von Arosa herkommend die Bündner Schieferschichten zwischen Montalin und Weisshorn, anschliessend Dreibündenstein in einer tief eingeschnittenen Schlucht durchbricht, durchfliesst zuerst noch Chur, bevor sie in den Rhein mündet.

Mit einer 5'000-jährigen Siedlungsgeschichte gilt Chur als die älteste Stadt der Schweiz. Die Alpenstadt mit ihren 36'000 Einwohnern ist Drehscheibe des weltberühmten und als UNESCO-Welterbe ausgezeichneten Bernina und Glacier Express der Rhätischen Bahn. Das schmucke Städtchen beheimatet aber auch kulturelle Perlen erster Güte, wie zum Beispiel das Bündner Kunstmuseum mit Werken u.a. der Giacometti-Familie, Giovanni Segantini und Ernst Ludwig Kirchner.

Chur, die bedeutende Bischofsstadt, hat eine Menge zu erzählen. Jahrhunderte haben den Transitort geprägt und Spuren hinterlassen. Lust auf Bergzauber oder pulsierendes Stadtleben? Die Alpenstadt Chur bietet beides. Malerische Gassen und schneebedeckte Berge, moderne Einkaufszentren und unverfälschte Natur.

Chur ist die einzige Stadt der Schweiz mit direkt aus dem Zentrum per Bergbahn erreichbarem Winter- und Sommersportgebiet auf dem Hausberg Brambrüesch. Zudem sind besonders im Sommer der Calanda oder Mittenberg wandernd oder bikend zu entdecken.

Panierte Kalbsleberschnitte mit Dolce-Brusco-Sauce und eingelegten Dörrbirnen

Martin Brunner

Zutaten Dolce Brusco Sauce

Rezept für 4 Personen

3	dl	Rotwein
60	g	Zucker
1	EL	Rotweinessig
1/2		Orange, Saft
1/2		Zitrone, Saft
1/4		Zimtstange
1/4		Anisstern
1/2		Nelke
1	TL	Salz
1		Pfeffer aus der Mühle
1	TL	Kartoffelstärke

Zutaten Dörrbirnen

4	dl	Rotwein
1	dl	Wasser
1/2		Orange, Saft
1/2		Zitrone, Saft
1/2		Zimtstange
80	g	Zucker
4		Dörrbirnen, nicht zu grosse

Zutaten Kalbsleberschnitten

8		Kalbsleberschnitzel zu je 70 g
200	g	weisses Paniermehl
1		Salzmischung und Pfeffer aus der Mühle
50	g	Erdnussöl zum Braten

Vorbereitung

Für die Kalbsleber 8 kleine Schnitzel von je 70 g schneiden, mit Salzmischung und Pfeffer aus der Mühle würzen und gleich in Paniermehl legen und leicht andrücken.

Zubereitung

Für die Sauce alle Zutaten, ohne Kartoffelstärke, miteinander aufkochen und ca. 15 Minuten knapp am Siedepunkt ziehen lassen. Dann mit angerührter Kartoffelstärke vorsichtig abbinden. Anschliessend passieren und gut abschmecken. Die Sauce kann nach Belieben mit einer leichten Demi-Glace verfeinert werden. Für die Dörrbirnen alle Zutaten miteinander aufkochen und die Dörrbirnen darin für ca. 30 Minuten langsam weichkochen.

Die panierten Leberschnitzel in heissem Öl schön braun ausbacken.

Die Leber muss von innen noch rosa sein.

Anrichten

Die Hexenpolenta auf einen vorgewärmten Teller platzieren und die gebratenen Kalbsleberschnitten daran anlehnen oder auf die geschnittenen Polentadreiecke anrichten.

Tipp

Es ist darauf zu achten, dass die Leber wirklich frisch ist und beim Braten nicht zu lange in der Pfanne bleibt, da die Schnitten ansonsten trocken werden.

Wenn die Dörrbirnen schon am Vortag gemacht werden, im Fond auskühlen lassen und in diesem Fond wieder aufwärmen. Dazu passend könnten die Dörrbirnen auf einem pochierten Apfel (Mirza-Apfel) angerichtet werden.

Hexenpolenta

Martin Brunner

Zutaten

Rezept für 4 Personen

3	dl	Wasser
3	dl	Milch
180	g	Bramata Polenta
1		Salz
1		Muskatnuss gerieben
50	g	Kochbutter
30	g	Sultaninen
20	g	Parmesan gerieben
1		Pfeffer aus der Mühle

Romantikhotel Stern • Adrian K. Müller
7000 Chur • Reichsgasse 11
Tel. +41 (0)81 258 57 57 • www.stern-chur.ch

Vorbereitung
Den Backofen auf 140 °C vorheizen. Die Milch mit dem Wasser, Salz und Pfeffer aufkochen. Bramata-Polenta einrühren und kurz aufkochen lassen. In ein feuerfestes Geschirr einfüllen, mit Alufolie abdecken und für ca. 1 Stunde im vorgeheizten Backofen bei 140°C ziehen lassen, bis die Polenta fest und weich gekocht ist. Zwischendurch kontrollieren und umrühren. Die Sultaninen in wenig Wasser für 20 Minuten einweichen, ausdrücken und grob hacken.
Eine kleine viereckige Kuchen- oder Terrinenform mit Backpapier aus-legen.

Zubereitung
Die Polenta aus dem Ofen nehmen und in eine Schüssel geben. In noch heissem Zustand mit dem Parmesan, den Sultaninen und der Butter glatt-rühren, mit wenig geriebener Muskatnuss würzen, ev. mit Salzmischung noch nachwürzen und anschliessend in die vorbereitete Kuchen- oder Terrinenform streichen, ohne das Luftlöcher darin entstehen. Für ca. 3 Stunden gut durchkühlen lassen und dann stürzen. Ca. 2 cm dicke Scheiben schneiden und mit Butterflocken im Ofen oder in einer Pfanne leicht goldgelb backen.

Tipp
Diese Stärkebeilage wird im Hotel Stern in Chur zu gebackener Kalbsleber mit Dolce-Brusco serviert. Je nach Geschmack kann man die Polenta ohne Sultaninen zubereiten.

SCHANFIGG

Das Schanfigg (rätoromanisch Scanvetg) ist ein tiefes, langgestrecktes Tal, das im Osten der Hauptstadt Chur bei Maladers auf der Nord- bzw. bei Passugg auf der Südseite beginnt und stetig ansteigend bis zum Kurort Arosa reicht, wo es sich zu einem Kessel weitet. Durchflossen wird das Schanfigg von der Plessur, welche bei Chur in den Rhein mündet.

Arosa ist einer der wichtigsten Kurorte Graubündens, liegt auf 1'800 m ü. M. an wunderschöner Talendlage. Der Ferienklassiker ist seit weit mehr als 100 Jahren ein bekannter und beliebter alpiner Klimakurort, der im Winter als absolut schneesicher gilt und über 70 Pistenkilometer anbieten kann.

Im Schanfigg liegen auf der rechten Talseite - talaufwärts gesehen - die Dörfer Maladers, Calfreisen, Castiel, Lüen, Pagig, St. Peter, Molinis, Peist, Langwies und Litzirüti. Auf der linken Talseite liegen Praden und Tschiertschen.

Seit 1'000 Jahren werden die lieblichen, sonnigen Terrassen, Blumenwiesen, weiten Alpenweiden und ausgedehnten Wälder von Bergbauern gepflegt. Ein Paradies für Wanderer, Naturfreunde, Spaziergänger und Sportler. Holzhäuser, von der Sonne schwarzgebrannt, geschmückt mit Blumen, laden ein zum gemütlichen Verweilen. Einst sprach man hier rätoromanisch. Siedler aus dem Wallis, die Walser, brachten die deutsche Sprache. Einst und heute begegnen sich hier Sprachen und Kulturen. Architektonisch ragt das 62 Meter hohe Viadukt der Rhätischen Bahn bei Langwies heraus.

Duo von Schweizer Kaninchenrückenfilet und Lamm im Rohschinkenmantel

Gerd Reber

Zutaten für das Fleisch

Rezept für 4 Personen

4		Schweizer Kaninchenrückenfilets, küchenfertig, zu je 80 g
250	g	Schweizer Lammnierstück, küchenfertig
1		Salzmischung und Pfeffer aus der Mühle
1/2		Knoblauchzehe gepresst
1	TL	Rosmarin, Thymian und Basilikum gehackt
80	g	Lamm und Kaninchenfleisch gewolft
0,7	dl	Vollrahm
1		Eiweiss
1	TL	Senf
1		Salzmischung und Cayenne
8		Rohschinkenscheiben
1		Schweinenetz, gut gewässert

Zutaten Sauce

30	g	Olivenöl
1/2		Knoblauchzehe gepresst
30	g	Schalotten, fein gewürfelt
1	TL	Rosmarin, fein gehackt
1	TL	Thymian, fein gehackt
1	dl	Weisswein
1	dl	Geflügelbouillon
2	dl	Kalbsjus
30	g	kalte Butterwürfel
1	EL	Petersilie, fein gehackt

Vorbereitung

Die Kaninchenrückenfilets und das Lammnierstück mit Salzmischung, Pfeffer aus der Mühle, dem gepressten Knoblauch und den Kräutern 1 Stunde marinieren und anschliessend in einer Pfanne mit heissem Öl kurz und scharf anbraten, herausnehmen und beiseite stellen.
Aus dem gewolften Kaninchen- und Lammfleisch, dem Rahm, Eiweiss, Senf, Cayennepfeffer und Salzmischung eine Farce herstellen.
Das Schweinenetz gut wässern.
Für die Sauce alle Kräuter fein hacken und die Schalotten fein würfeln.
Den Backofen oder Steamer auf 140°C Heissluft vorheizen.

Zubereitung Fleisch

Die Oberseite des Lammnierstücks mit wenig Farce dünn bestreichen und die Kaninchenfilets in der Länge darauf platzieren. Auf der Arbeitsfläche den Rohschinken so legen, dass es eine rechteckige Matte ergibt. Die restliche Farce so auf den Rohschinken gleichmässig verstreichen, dass man damit das Lamm mit dem Kaninchen einrollen kann. Das Lamm und Kaninchen gut in den Rohschinken einrollen. Darauf achten, dass das Fleischstück gleichmässig dick ist. Nun das Schweinenetz auf der Arbeitsfläche verteilen und die Rolle darin mit einer einfachen Rundung einwickeln, die Ränder einschlagen und in der Pfanne sorgfältig, aber nicht zu heiss, anbraten. Im vorgeheizten Backofen für etwa 20 Minuten auf 140°C braten. Kerntemperatur 54°C. In der Zwischenzeit die Sauce fertig stellen.

Zubereitung Sauce

Für die Sauce den Knoblauch mit den Schalottenwürfeln in einem kleinen Kochgeschirr glasig dünsten. Den Rosmarin und den Thymian dazugeben und mit dem Weisswein ablöschen. Die Geflügelbouillon beigeben und alles auf die Hälfte reduzieren. Mit dem Kalbsjus aufgiessen, aufkochen und mit den Butterwürfeln montieren. Die gehackte Petersilie beifügen, nochmals abschmecken und evtl. leicht mit angerührter Kartoffelstärke nachbinden.

Anrichten

Das Fleisch in ca. 2 cm grosse Tranchen aufschneiden, auf einem vorgewärmten Teller anrichten und mit der heissen Sauce umgiessen.

Tipp

Statt dem Kaninchenrücken kann auch eine Poulardenbrust verwendet werden.
Zu diesem Gericht serviert man gewöhnlich ein feines Ratatouille oder ein Auberginenpüree.
Als Stärkebeilage eignen sich bestens ein Kartoffelgratin oder kleine gebratene Kartoffeln.
Sollte kein Fleischwolf vorhanden sein, kann die Farce mit einem Stabmixer, jeweils mit 70 g feingehacktem Fleisch und mit 2 EL Wasser, gemixt werden. Das Eiweiss, Senf, Gewürze und den Rahm nur solange mixen wie nötig. Gekaufte Kalbsfarce vom Metzger ist auch ein Ersatz.

Zanderfilet in Bündner Rohschinken-Bröseln

Gerd Reber

Zutaten

Rezept für 4 Personen

4		Zanderfilets zu je 120 g, oder sonstiger Edelfisch
1		Salzmischung
1		etwas Weissmehl
2		Eier
1	EL	Senf
50	g	Rohschinken in dünnen Scheiben
2		Schalotten
1	EL	Petersilie
120	g	Paniermehl
20	g	Olivenöl
20	g	Kochbutter
100	g	Kochbutter für die Sauce

Waldhotel National • Restaurant Kachelofästübli
Steffen Volk
7050 Arosa • Tel. +41 (0)81 378 55 55
www.waldhotel.ch

Vorbereitung

Den Rohschinken in kleine Würfel schneiden und in wenig Fettstoff kross braten. Das überschüssige Fett in einem Sieb abtropfen lassen. Die Schalotten fein schneiden und in wenig Kochbutter dünsten. Die Petersilie waschen, trocknen und fein hacken. Diese Zutaten mit dem Paniermehl vermischen. Die Eier mit dem Senf aufschlagen (Eimasse).

Zubereitung

Die Zanderfilets mit Salzmischung würzen, mit Weissmehl stäuben, durch die Eimasse ziehen, im Paniermehl wenden und auf allen Seiten gut andrücken. Die Filets in Olivenöl und Kochbutter auf beiden Seiten glasig braten.

Anrichten

Im Sommer können die Zanderfilets mit Saisonsalaten und einer feinen Beurre Blanc / Weisswein-Buttersauce angerichtet werden.
Ebenfalls gut dazu passt ein cremiger Gersten- oder gewöhnlicher Risotto mit Kräuterjus sowie gedünsteten Karotten- und Zuchettistäbchen.

Tipp

Für die Beurre Blanc lassen Sie 2 dl Weisswein mit einer halben geschnittenen Schalotte auf ein Zehntel reduzieren, durch ein feines Sieb passieren und im heissen Zustand 100 g kalte Kochbutter in Würfel einrühren. Die frische Beurre Blanc nur noch warm halten, jedoch nicht mehr aufkochen, da sonst die Butter vom Weisswein scheidet.
Am besten sofort servieren.

Bündner Tiramisu mit Sauerrahm und Früchten

Gerd Reber

Zutaten

Rezept für 4 Personen

2		Eigelb
65	g	Zucker
1,5	Blatt	Gelatine
180	g	Sauerrahm (35% Fettgehalt)
200	g	Vollrahm
4	EL	passendes Früchtemark
4	EL	Früchtekompott
200	g	Früchte wie Aprikosen, Erdbeeren, Kirschen, etc.
4		Löffelbiskuit mit entsprechendem Likör tränken (Beerenlikör, Röteli)

Vorbereitung

Das Eigelb mit dem Zucker in einer Schüssel verrühren, im Wasserbad warm schlagen und zur Rose abziehen, d.h. auf 85°C rühren. Dann die eingeweichte Gelatine ausdrücken und dazugeben. Den Sauerrahm beigeben und kalt rühren. Anschliessend den geschlagenen Rahm vorsichtig unter die kalte Masse heben.

Zubereitung

Beliebiges Glas oder kleines Einmachglas dekorativ mit Früchten auskleiden und den Boden mit der Mousse belegen. Die mit Likör und Zuckersirup leicht genässten Löffelbiskuitstücke einlegen, dann wieder dünn mit Mousse bedecken und wieder geschnittene Früchte darauf legen.
Mit der Mousse zudecken und im Kühlschrank fest werden lassen.
Auf die Mousse ein beliebiges Früchtemark sowie passendes Kompott geben, mit geraspelter Schokolade und Pfefferminze garnieren.

Nuss-Schnitte

Zutaten

Rezept für 4 Personen

100	g	grob gehackte Baumnüsse (Walnüsse)
20	g	Mandelstifte
20	g	Haselnüsse
10	g	Pistazien
1/2	TL	Zitronenabrieb
1	TL	Zitronensaft
50	g	Zartbitterschokolade
1	EL	Honig flüssig

Zubereitung

Die Nüsse in einer Teflonpfanne ohne Fett bei mittlerer Hitze leicht rösten, abkühlen und grob hacken. Den Zitronenabrieb beigeben und mit dem Zitronensaft abschmecken.
Die grob gehackte Zartbitterschokolade in einer Schüssel im Wasserbad schmelzen, die Nüsse beigeben und dann den Honig einrühren.
Die Nussmasse auf eine Klarsichtfolie oder ein Stück Backpapier geben, damit einrollen, zu einer gleichmässigen Rolle formen und im Kühlschrank erstarren lassen.
Mit einem dünnen Messer in 5 mm dicke Scheiben schneiden.

Tipp

Die Nuss-Schnittenscheiben passen sehr gut zu Kaffee oder Ähnlichem.

DOMLESCHG HINTERRHEIN (VIAMALA)

Von Chur auf der San Bernardino-Route in Richtung Süden erstreckt sich zwischen Rothenbrunnen und Thusis mit dem Domleschg das burgenreichste Tal Europas, begrenzt durch die atemberaubende Viamala-Schlucht. Thusis ist der Zentrumsort der Region Viamala. Die Fahrt in den Süden bringt uns zu weiteren erwähnenswerten Orten und Gegenden.

Das Schams (rätoromanisch Val Schons) ist bekannt durch die Deckenbilder der Kirche St. Martin in Zillis, die seit mehr als acht Jahrhunderten auf weltweit einzigartige Weise in Farbe gefasste Gedanken zeigen.

Andeer, ein Ferien- und Badeort (Mineralquelle), wird oft im Zusammenhang mit dem grünen Andeer-Granit erwähnt. Zur Gemeinde Avers gehört Juf auf 2'126 m ü. M., die höchstgelegene, ganzjährig bewohnte Siedlung Europas.

Splügen: Hier beginnt der Splügenpass (italienisch Passo dello Spluga), der auf einer Höhe von 2'113 Metern liegt und das Rheinwald mit Chiavenna in der italienischen Provinz Sondrio und dem Comer See verbindet. Über den Pass verläuft die Wasserscheide zwischen dem Rhein und dem Po und die Staatsgrenze zwischen Italien und der Schweiz. Das älteste Passdorf Graubündens wurde 1995 mit dem Wakkerpreis des Schweizer Heimatschutzes ausgezeichnet.

Hinterrhein: Das erste Dorf am jungen Rhein liegt am Fusse des San Bernardino-Passes. Um 1270 kamen die ersten Walser vom Val Formazza über das Misox nach Hinterrhein. Damit wurde Hinterrhein zur ältesten Walsersiedlung in Graubünden.

Wildcapuns

Pascal Meier

Zutaten Capuns

Rezept für 4 Personen

200	g	mageres Hirsch- oder Rehfleisch
1,5	dl	Vollrahm
1		Salzmischung und Pfeffer aus der Mühle
2	cl	Portwein rot
2	cl	Madeira
2	cl	Cognac
10	St	Wacholderbeeren zerdrückt
100	g	Paniermehl
3		Eier
50	g	Weissmehl
150	g	Hirschsalsiz (2 Stück)
1	EL	Petersilie gehackt
1	EL	Schnittlauch geschnitten
1	TL	Thymian gehackt
1		Knoblauchzehe
5		Mangoldblätter
1	lt	leichte Fleischbrühe
150	g	Steinpilze oder Pfifferlinge

Zutaten Sauce

2	dl	Wildjus
30	g	Preiselbeerkompott
1	dl	Vollrahm
2	cl	Cognac

Vorbereitung

Von dem Mangold den Stiel entfernen und die Blätter ca. 2 Minuten in kochendem Salzwasser blanchieren. In Eiswasser kurz abschrecken und aufgefaltet jedes Blatt einzeln auf ein Küchenpapier legen. Madeira, Cognac und Portwein zum Siedepunkt bringen und die zerdrückten Wacholderbeeren darin 5 Minuten ziehen lassen, danach abkühlen.
Das Wildfleisch grob würfeln und im Cutter oder mit dem Stabmixer fein schneiden. Den Rahm nach und nach dazugeben, mit Salzmischung, Pfeffer aus der Mühle abschmecken und den passierten Wacholderfond langsam einarbeiten. Die Farce in eine Schüssel geben und kurz kühlen.
Den Hirschsalsiz in kleine Würfel schneiden, Kräuter fein hacken und beides mit den Eiern, dem Paniermehl und dem Weissmehl zur Farce geben und zu einem Teig verarbeiten.

Zubereitung

Die Mangoldblätter in Deckblätter zu ca. 10 cm x 7 cm schneiden, einen gehäuften Esslöffel der Wildfüllung (ca. 50 g) auf die Mitte des Blattes legen und damit einwickeln, so dass keine Farce mehr heraustreten kann.
Wenn alle Capuns gewickelt sind, die Fleischbrühe aufkochen und sie darin knapp bedeckt für 10 Minuten ziehen lassen.
In der Zwischenzeit den Wildjus mit dem Vollrahm und dem Preiselbeerkompott aufkochen und mit Cognac verfeinern, gegebenenfalls noch mit Salzmischung und Pfeffer aus der Mühle abschmecken.
Pfifferlinge oder Steinpilze anbraten.

Anrichten

Auf einem vorgewärmten Teller einen Saucenspiegel platzieren, Capuns darauf anrichten und mit den gebratenen Pilzen garnieren.

Tipp

Für dieses Rezept sind 5 Capuns pro Person berechnet. Dazu passend wären auch Spätzli und Rotkraut. Wenn kein Cutter vorhanden ist, kann man auch sehr fein gehacktes Wildfleisch verwenden und dieses mit einem EL Wasser im Stabmixer mixen.
Wenn man die Aussenseite des Mangoldstiels schält, kann dieser in 5 cm lange Stäbe geschnitten werden. Allerdings muss er sofort in kalte Milch eingelegt werden (bleibt weiss). In Butter geschwenkt und gedämpft oder in einer Rahmsauce gekocht, schmeckt er ausgezeichnet zu den Wildcapuns.

MIRER
02

Schamser Fleischterrine

Pascal Meier

Zutaten für den Teig

Rezept für ca. 10 Personen

160	g	Schweinefleisch
160	g	Kalbsfleisch
90	g	Kochspeck geräuchert
35	g	Rohessspeck
20	g	Öl
25	g	Kalbsleber küchenfertig
35	g	Champignons
50	g	Äpfel
2	EL	Madeira
2	EL	Cognac
2		Thymianzweig
1		Salbeiblatt
1		Salzmischung
1		Pfeffer aus der Mühle
1		Ei
0,5	dl	Vollrahm
50	g	Sultaninen
100	g	Spickspeck oder Rohschinken in feinen Scheiben

Vorsicht:
Dieses Rezept ist für eine Terrinenform von 30 cm Länge, 4,5 cm Höhe und 5,5 cm Breite berechnet und ergibt ca. 10 Portionen. Die geschnittenen Terrinenscheiben in Klarsichtfolie eingepackt, können problemlos gefroren und wieder portionsweise aufgetaut werden.

Vorbereitung
Kochspeck, Rohessspeck und Kalbsleber klein schneiden. Apfel schälen, entkernen und klein schneiden. Champignons säubern und vierteln. Vom Thymianzweig die Blättchen abzupfen und zusammen mit dem Salbei hacken. Die Sultaninen in Wasser einweichen und anschliessend klein schneiden. Terrinenform erst mit Backpapier, dann mit Spickspeck oder Rohschinken auskleiden, sodass man sie am Schluss noch mit dem restlichen Spickspeck oder Rohschinken bedecken kann. Diese dann kühl stellen.

Zubereitung
Nach und nach Schweinefleisch, Kalbfleisch, Kochspeck und Rohessspeck mit Öl in einer Pfanne anbraten. Dann die Kalbsleber, Champignons und die Äpfel beigeben und mitdünsten. Mit Madeira und Cognac ablöschen. Vom Herd nehmen, mit Salbei, Thymian, Salzmischung und Pfeffer aus der Mühle würzen und abschmecken. Jetzt gibt man alles in eine Schüssel und lässt es im Kühlschrank gut durchkühlen. Dann dreht man die Masse durch den Fleischwolf mit kleiner Scheibe. Wenn kein Fleischwolf vorhanden ist, kann man das Fleisch fein schneiden und mit dem Stabmixer und einem EL Wasser mit Auf- und Abbewegungen mixen. Nun das Ei, den Rahm und die Sultaninen unter die Masse mischen und abschmecken. Die Terrinenform mit Backpapier überlappend auslegen, darauf mit Spickspeck oder Rohschinken ebenfalls überlappend auskleiden. Fleischfarce füllen und fest einpressen, um so Luftlöcher zu vermeiden. Mit der Überlappung vom Spickspeck oder Rohschinken und Backpapier die Terrine einpacken und schliessen. Im Ofen bei 140°C Heissluft ca. 35 Minuten backen. Kerntemperatur 60°C.
Mindestens 4 Stunden durchkühlen lassen. Jetzt kann man die Terrine stürzen, Backpapier abziehen und in Scheiben von max. 2 cm schneiden. Terrinen ziehen im Geschmack nach und schmecken am Tag darauf noch besser.

Anrichten
Die Fleischterrinenscheibe auf einen kalten Teller platzieren. Dazu passt eine Sauce Cumberland und beispielsweise ein Rohkostsalat mit Äpfeln, Sellerie und Walnüssen. Dies sind einige Beispiele von vielen Varianten.

Rhabarberkuchen

Pascal Meier

Zutaten für den Teig

Rezept für 4 Personen

300	g	Weissmehl
150	g	Kochbutter
100	g	Kristallzucker
1		Prise Salz
1/2		Ei, geschlagen
		etwas Wasser

Zutaten für den Belag

500	g	Rhabarber
1	TL	Maizena
2,5	dl	Milch
50	g	Kristallzucker
1/4	St	Vanilleschote
40	g	Vanillecremepulver

Zutaten für den Eischnee

50	g	Eiweiss
25	g	Kristallzucker
1		Prise Salz

Vorbereitung

Für den Teig alle Zutaten gut und rasch vermischen, kneten und im Kühlschrank ruhen lassen.
Den Rhabarber waschen und schälen, kleine Stücke schneiden, mit wenig Wasser und Zucker zu einem dicken Kompott einkochen und auskühlen lassen.
Für die Vanillecreme 2 dl Milch zusammen mit dem Kristallzucker, der halbierten und ausgekratzten Vanilleschote aufkochen. In der restlichen Milch das Vanillecremepulver verrühren und der Milch mit Zucker und Vanilleschote rührend beigeben und alles zusammen aufkochen. Die heisse Creme durch ein feines Sieb passieren und zugedeckt auskühlen lassen.

Zubereitung

Den Kuchenteig ca. 4 mm dick ausrollen, auf ein gebuttertes und mit Mehl bestäubtes Kuchenblech legen und den Rand hochziehen. Den Teig mit einer Gabel mehrmals einstechen und auf der untersten Ofenrille bei 200°C während 20-25 Minuten blind backen, d.h. auf den Teigboden in der Form ein Backpapier auslegen und mit Linsen oder Bohnen auffüllen. So können Sie verhindern, dass der Teig aufgeht oder zusammenfällt.
Das kalte Rhabarberkompott und die kalte Vanillecreme gut vermischen und in der ausgekühlten Kuchenform verteilen.
Das Eiweiss mit dem Zucker und einer Prise Salz steif schlagen und über den Kuchen streichen, mit dem Messer verzieren und im Ofen goldgelb backen. Anschliessend den Kuchen auskühlen lassen und mit Staubzucker bestreuen.

Hotel Fravi • Dir. Reto Rey
7440 Andeer • Veia Granda 1 • Tel. +41 (0)81 660 01 01
www.fravi-hotel.ch

MISOX

Das Misox (italienisch Val oder Valle Mesolcina) ist wie das Bergell und das Puschlav ein Bündner Tal südlich des Alpenhauptkammes. Im Misox wird Italienisch gesprochen wie im Bergell und Puschlav und nicht wie im restlichen Graubünden Schweizerdeutsch oder Rätoromanisch.

Das Tal erstreckt sich vom San-Bernardino-Pass in südlicher Richtung bis Grono, wo es sich mit dem Calancatal vereinigt, und von dort westwärts bis an die Tessiner Grenze kurz vor Bellinzona (in Grono wurde 2003 mit 41,5° C die offiziell höchste je gemessene Temperatur in der Schweiz registriert!). Durch das Misox fliesst die Moësa, die kurz hinter der Tessiner Grenze in den Tessin (italienisch: Ticino) mündet.

Hier finden Wanderfreunde zahlreiche Wege und in der Mesolcina das grösste Waldreservat der Schweiz ausserhalb des Nationalparks (Val Cama und Val Leggia). Auch finden die Gäste hier nicht nur «Italianità», sondern auch eine vorzügliche regionale Küche.

Die natürliche Mineralwasserquelle ist eine wichtige Ressource der Ortschaft San Bernardino, die auf die Entdeckungen von römischen Holzwannen um 1860 zurückgehen. Die Weltkriege führten zur Stagnation und damit zum Ende der Mineralwassertherapien. Anfangs der 70er Jahre kam es jedoch zu einem Neuaufbruch: San Bernardino etablierte sich als Wintersportort, zählt heute zu den wichtigsten winterlichen Destinationen südlich der Alpen und ist ein beliebtes Sommerferienziel

Gitzi von Lostallo

Alan Rosa

Zutaten Gitzi

Rezept für 4 Personen

2	kg	Gitzi mit und ohne Knochen
100	g	Kochbutter
4	dl	leichter Kalbsjus
20	g	Olivenöl je nach Verwendung
3	dl	Weisswein
2		Knoblauchzehen
1		Prise Mehl zum Stäuben
1		Rosmarinzweig
1		Salzmischung und Pfeffer aus der Mühle

Zutaten Neue Kartoffeln

800	g	Neue Kartoffeln
20	g	Olivenöl
1		Rosmarinzweig
1		Salzmischung

Gemüse

12	St	Minikarotten oder Karotten
800	g	Blattspinat
30	g	Kochbutter
1		Zucker
$^1/_2$	dl	Olivenöl
1		Salzmischung

Vorbereitung

Das Gitzi mit und ohne Knochen in Stücke von 3-4 cm Grösse schneiden. Die Fleischstücke mit Knochen evtl. vom Metzger schneiden lassen. Die neuen Kartoffeln mit Schale waschen und in Scheiben schneiden. Die Minikarotten leicht schälen und das Grüne bis ca. 1 cm wegschneiden. Den Spinat waschen oder TK-Würfelspinat auftauen.

Zubereitung

Die Gitzistücke mit Salzmischung und Pfeffer aus der Mühle würzen und auf allen Seiten in einer Bratpfanne mit Olivenöl lieblich anbraten. Anschliessend in einem Kochgeschirr mit etwas Olivenöl im vorgeheizten Backofen bei 180° - 200°C für ca. 40 – 60 Minuten, je nach Grösse der Fleischstücke, braten. In der Hälfte der Kochzeit mit 2 dl Weisswein ablöschen und 50 g Kochbutter in Flocken, die Rosmarinzweige und die 2 Knoblauchzehen mit der Schale mitrösten. Nach und nach etwas Kalbsfond mit Wasser vermischt dazu geben und die Fleischstücke damit arosieren (übergiessen). Hat das Fleisch die gewünschte Farbe, kann die Temperatur auf 130° reduziert werden. Sobald sich das Fleisch gut vom Knochen löst, ist die Garstufe erreicht.
Das Gitzi aus dem Bratgeschirr nehmen und bei ca. 80°C warmhalten. Den entstandenen Gitzifond evtl. mit etwas Weisswein und wenig Jus nachgiessen und mit weiteren 50 g Butterflocken verfeinern.
Die Kartoffeln in einer Bratpfanne mit Olivenöl goldgelb anbraten. Einige Rosmarinnadeln beigeben, würzen und alles gut schwenken.
Die Karotten blanchieren und dann in Olivenöl und Butter mit einer Prise Zucker, etwas Bouillon und mit Salzmischung fertig stellen.
Den Spinat in Olivenöl und Butter sautieren, nach Belieben etwas gepressten Knoblauch beigeben, abschmecken und alles während ca. 2 Min. fertig stellen.

Anrichten

Die Gitzistücke auf den Blattspinat anrichten und mit wenig Jus beträufeln, Karotten und Kartoffeln schön anrichten und mit Rosmarinzweig garnieren. Die Sauce separat dazu servieren.

Rindsschmorbraten mit Merlotsauce

Alan Rosa

Zutaten

Rezept für 4 Personen

1,2	kg	Rindslaffenspitze
30	g	Erdnuss- oder Sonnenblumenöl
400	g	Mirepoix grob:
1		Karotte
1		Lauch
1		Zwiebel
6		Knoblauchzehen
1		Knollensellerie
1	EL	Tomatenpüree
20	g	Weissmehl
4	dl	Merlot Rotwein
5	dl	Kalbsjus
5	dl	Wasser
1		Salzmischung und Pfeffer aus der Mühle
20	g	Kochbutter
1		Rosmarin
1		evtl. etwas Kartoffelstärke

Albergo Ristorante Groven • Familie Alan Rosa
6558 Lostallo • Tel. +41 (0)91 830 16 42 • www.groven.ch

Vorbereitung

Das Gemüse für das Mirepoix waschen, schälen und in grobe Würfel schneiden.
Die Rindslaffenspitze zusammen mit dem Rosmarinzweig mit einer Bindschnur binden.

Zubereitung

Die Rindslaffenspitze mit Salzmischung und Pfeffer aus der Mühle würzen und in einem Bratgut in Erdnuss- oder Sonnenblumenöl auf allen Seiten scharf anbraten und dann wieder herausnehmen. Die Karotten, den Sellerie und die Zwiebeln in das Bratgut beigeben und kurz anrösten.
Lauch und Knoblauch hinzufügen und kurz mitschwenken. Das Tomatenpüree beigeben und leicht mitrösten, mit Weissmehl stäuben und mit Rotwein ablöschen. Mit Kalbjus und Wasser auffüllen, kurz aufkochen und den Braten wieder dazu geben. Der Braten sollte 2/3 bedeckt sein.
Hier soll das Kochgeschirr der Grösse des Fleisches angepasst sein.
Alles kurz aufkochen lassen und zugedeckt für 2 Std. bei 130° bis 140°C im Backofen schmoren. Die Garzeit hängt von der Qualität des Fleisches ab. Den Braten während der Schmorzeit hin und wieder wenden.
Löst sich das Fleisch leicht von der Fleischgabel, ist die Garstufe erreicht.
Den Braten aus der Sauce nehmen und im Backofen bei 70°C zugedeckt warmhalten.
Die Sauce durch ein Sieb passieren oder nach Bedarf mit einer Kartoffelpresse pürieren, wenn nötig abschmecken, abbinden und mit der Butter fertig stellen.

Anrichten

Den aufgeschnittenen Braten auf einem heissen Teller anrichten und mit reichlich Sauce übergiessen. Eine sehr gut passende Stärkebeilage ist hier Kartoffelpüree, eine cremige Polenta, Kartoffel-Gnocchetti und Schmor- oder glaciertes Gemüse.
Als Garnitur passen gedünstete Champignons, glacierte Perlzwiebeln, Kohlrabi und Karotten.
Als Gewürzgarnitur eignen sich frittierter Rosmarin, Basilikum oder Salbei.

Gnocchi Alan / Kartoffelgnocchetti

Alan Rosa und Rudolf Pazeller

Zutaten

Rezept für 4 Personen

600	g	Kartoffeln (Kochtyp C)
3		Eigelb
120	g	Weissmehl
1/2	TL	Salz
1		Muskatnuss gerieben

Vorbereitung

Kartoffeln waschen und in der Schale im Salzwasser weich kochen. Anschliessend abgiessen, im heissen Zustand schälen und durch die Kartoffelpresse drücken. Auskühlen lassen.
Jetzt Eigelb und fast alles vom Mehl dazugeben und kneten bis sich der Teig von der Schüssel löst. Falls der Teig noch zu klebrig ist, das restliche Mehl einarbeiten.

Zubereitung

Die Masse vierteln und auf leicht gemehlter Arbeitsfläche zu ca. 1,5 cm dicken gleichmässigen Rollen drehen und dann in 2 cm lange Stücke schneiden. Jetzt rollt man mit einer Gabel oder mit einem Gnocchi-Rillen-Brettchen leicht über die geschnittenen Stücke, um so den Gnocchis die typische Form zu verleihen. Anschliessend gibt man sie in leicht kochendes Salzwasser. Die Gnocchis sind fertig, wenn sie oben aufschwimmen.

Tipp

Die Gnocchis können auf verschiedene Arten zubereitet werden: mit Bärlauchstreifen, mit Schnittlauch, oder Salbei in einer Butter- Bouillonrahmsauce, oder mit frischen sautierten Tomatenwürfel, mit einer leichten Rahmsauce/ ev. mit Gorgonzola.

SURSELVA

Die Surselva, auch bekannt unter den Bezeichnungen «Bündner Oberland» (oder einfach «Oberland») oder «Vorderrheintal», ist die Talschaft des oberen Vorderrheins. Sie erstreckt sich vom Oberalppass im Westen bis nach Trin im Osten. Ihre Hauptorte sind Ilanz (erste Stadt am Rhein), Disentis/Mustér (Benediktinerkloster) und Flims (Gelbes Haus). Der 1967 neu gegründete Regionalverband Regiun Surselva umfasst neben dem Haupttal die Seitentäler Val Medel, Val Sumvitg, Val Lumnezia, Valsertal, Safiental sowie die Gemeinden Flims und Trin. Der rätoromanische Name Surselva bedeutet «oberhalb des Waldes». Mit dem Wald ist der heute noch weitgehend intakte Grosse Wald (rätoromanisch Uaul Grond) im Gebiet des eiszeitlichen Flimser Bergsturzes gemeint. Nach dem Bergsturz vor rund 10'000 Jahren hat sich der Rhein zwischen Ilanz und Reichenau einen Weg durch den Kalkstein gebahnt. Dadurch ist eine 486 Meter tiefe Schlucht entstanden: die wildromantische Rheinschlucht, die heute auch touristisch (Rafting, Wildbachkanu) genutzt wird. Zu erwähnen sind die bekannten Ferienorte Flims und Laax in der vorderen sowie Disentis und Sedrun in der hinteren Surselva. Vals ist durch die Therme des berühmten Architekten Peter Zumthor ein Begriff, Brigels und das auf der anderen Talseite liegende Obersaxen (hier sind Skiolympiasieger und Weltmeister Carlo Janko und auch Rudolf Mirer und seine Familie zuhause) sind ebenfalls beliebte Ferienorte.

Alpen - Brennesselrahmsuppe

Andreas Baselgia

Zutaten

Rezept für 4 Personen

25	g	Butter
40	g	Zwiebeln
20	g	Lauch
400	g	Alpen-Brennesseln
100	g	Kartoffeln
1,2	lt	Bouillon
80	g	Vollrahm
1		Salzmischung
1		Pfeffer aus der Mühle
1	TL	Blattpetersilie in Streifen (Julienne)

Vorbereitung

Die Brennesseln waschen, Lauch und Zwiebeln in Würfel schneiden, die geschälten Kartoffeln in Scheiben schneiden.

Zubereitung

In einem Kochtopf die Butter schmelzen, Zwiebeln und Lauch dazugeben und ohne Farbe andünsten. Die Kartoffeln und die Brennesseln dazugeben und mit der heissen Bouillon auffüllen. Aufkochen, abschäumen und während ca. 45 Min. leicht kochen lassen. Mit dem Stabmixer pürieren und durch ein Spitz- oder Haarsieb passieren. Nochmals aufkochen, mit dem Rahm verfeinern, mit Salzmischung und Pfeffer aus der Mühle abschmecken.

Anrichten

In Suppenteller oder Suppentasse anrichten, mit einer Rahmrosette und mit Blattpetersilie ausgarnieren.

Broda mit Kartoffeln im Speckmantel

Arno Sgier, Andreas Baselgia und Rudolf Pazeller

Zutaten Broda

Rezept für 4 Personen

40	g	Weissmehl
30	g	Kochbutter
200	g	Zwiebeln
100	g	Kartoffeln (Kochtyp A)
1,2	lt	Fleischbouillon
2	dl	Rotwein
1		Salzmischung
1		Pfeffer aus der Mühle
1	EL	Schnittlauch

Zutaten Kartoffeln im Speckmantel

200	g	Kartoffeln (Kochtyp A)
8		geräuchter Kochspeck in Scheiben
1		Salzmischung
1		Pfeffer aus der Mühle
100	g	Kartoffelstock
50	g	Erdnussöl zum Braten

Vorbereitung

Für die Suppe das Weissmehl in einer trockenen Eisen- oder Eisengusspfanne unter ständigem Rühren braun rösten. Sofort herausnehmen, kalt werden lassen und sieben, damit die restlichen Mehlklümpchen entfernt sind.
Die Zwiebeln schälen, vierteln und in sehr feine Streifen schneiden.
Die Kartoffeln waschen, schälen und in Würfel zu 1 cm Seitenlänge schneiden.
Für die Kartoffeln im Speckmantel die Kartoffeln waschen und schälen.
Den Schnittlauch fein schneiden.

Zubereitung Broda

In einem Kochtopf die Butter schmelzen, Zwiebeln dazugeben und ohne Farbe andünsten. Das Röstmehl nach und nach beigeben und gut vermengen. Den Rotwein dazugeben und anschliessend mit der Fleischbouillon aufgiessen und unter ständigem Rühren zum Kochen bringen. Jetzt die Broda für etwa 1 Stunde bei schwacher Hitze leicht kochen lassen. In der Zwischenzeit die Kartoffelwürfel im Salzwasser für ca. 10 Min. weichkochen. Wenn die Zwiebeln in der Broda weich sind, wird diese mit einem Stabmixer püriert und mit Salzmischung und wenig Pfeffer aus der Mühle abgeschmeckt. Jetzt können die gekochten Kartoffelwürfel beigegeben werden, allerdings sollte man auf öfteres Umrühren verzichten, da sonst die Kartoffeln zerfallen würden.

Zubereitung Kartoffeln im Speckmantel

Die geschälten Kartoffeln in sehr feine Streifen schneiden oder mit der Bircherraffel reiben, durch ein Tuch auspressen und mit wenig Salzmischung und Pfeffer aus der Mühle abschmecken. Zwei Speckscheiben über Kreuz auf die Arbeitsfläche legen, ein Viertel der Kartoffeln auf die Mitte des Kreuzes legen und mit dem Speck gut einschlagen und andrücken. Anschliessend langsam in heissem Öl bei mittlerer Hitze für ca. 10 - 15 Min. ausbacken.

Anrichten

In die Mitte eines heissen Suppentellers wenig Kartoffelstock geben und darauf die Speckkartoffel anrichten. Mit der heissen Broda umgiessen und mit Schnittlauch bestreuen. Geriebener Käse kann separat dazugereicht werden.

Geschmorte Schweinskopfbäggli im Malanser

Arno Sgier und Andreas Baselgia

Zutaten

Rezept für 4 Personen

600	g	Schweinskopfbäggli
1		Salzmischung
1		Pfeffer aus der Mühle
30	g	Olivenöl
2	dl	Kalbsjus
40	g	Karotten
40	g	Lauch
40	g	Sellerie
40	g	Zwiebeln
20	g	Tomatenpüree
1		Tomate
1		Lorbeerblatt
10		Pfefferkörner
2		Thymianzweige
4	dl	Malanser Blauburgunder
4	cl	roter Portwein
1		Kartoffelstärke

Hotel Central • Familie Sigi Caduff-Gwerder
7134 Obersaxen - Meierhof • Tel. +41 (0)81 933 13 23
www.central-obersaxen.ch

Vorbereiten

Die Schweinskopfbäggli herrichten. Das Gemüse rüsten und in Würfel schneiden.

Zubereitung

Die Schweinskopfbäggli mit Salzmischung und Pfeffer aus der Mühle würzen und anschliessend in einer Pfanne mit dem Olivenöl kräftig anbraten und wieder herausnehmen. Die Karotten, den Sellerie und die Zwiebeln in die Pfanne geben und anrösten. Tomatenwürfel und das Tomatenmark beigeben und leicht mitrösten. Dann erst den Lauch, ohne Farbe zu geben, mitschwenken. Die Schweinskopfbäggli wieder einlegen und mit dem Malanser Rotwein ablöschen. Mit Kalbsjus auffüllen, alles kurz zum Kochpunkt bringen und die Gewürze beifügen. In ein feuerfestes Geschirr füllen und zugedeckt im Backofen bei 140°C für ca. 1 ½ bis 2 Stunden leise schmoren lassen. Ab und zu kontrollieren, wenden und mit wenig Wasser, wenn nötig, aufgiessen. Wenn die Bäggli von der Fleischgabel leicht herunterfallen sind sie fertig und können aus der Sauce genommen werden, anschliessend warmstellen. Die Sauce mit einem feinen Sieb zurück in einen Kochtopf passieren, mit Salzmischung und Pfeffer aus der Mühle nochmals abschmecken und evtl. noch mit wenig angerührter Kartoffelstärke abbinden. Mit dem Portwein abrunden und nochmals aufkochen.

Anrichten

Die Schweinskopfbäggli auf einen vorgewärmten Teller anrichten, mit der Sauce nappieren und mit Gemüse und Beilagen nach Wunsch servieren.

Tipp

Im Lugnez wird hierzu gebratener Speck und eine feine Polenta im Alpkäsekörbli gereicht. Junger, roter Mangold und Steinpilze runden dieses Gericht perfekt ab.

Lugnezer Forelle auf Bohnenragout an einem Sud von getrockneten Tomaten

Arno Sgier und Andreas Baselgia

Zutaten für die Forellenfilets

Rezept für 4 Personen

4		Forellenfilets entgrätet und ohne Haut
20	g	Butter
20	g	Olivenöl
1		Salzmischung
8		Cherrytomaten
4		getrocknete Tomatenscheiben

Zutaten für das Bohnenragout

200	g	grüne Bohnen in Streifen geschnitten
1		Schalotte, fein geschnitten
10	g	Kochbutter
50	g	Tomaten in Würfeln geschnitten
1	MSP	Bohnenkraut, frisch und gehackt oder getrocknet
1	dl	Gemüsefond
1		Meersalz

Zutaten für den Sud von getrockneten Tomaten

1	dl	Fleischbouillon
1	dl	Fischfond
0,3	dl	Tomatensaft
10	g	getrocknete Tomaten, fein gehackt
1	MSP	Safran und Salzmischung

Zubereitung

Für das Bohnenragout die Kochbutter in einem Kochtopf erwärmen, danach die fein geschnittenen Schalotten darin dünsten, die Bohnenstreifen beigeben, mit Salzmischung und Pfeffer aus der Mühle würzen und mit dem Gemüsefond ablöschen. Zum Schluss das Bohnenkraut und die Tomatenwürfel beigeben, gut mischen und warmstellen. Die Cherrytomaten mit Meersalz würzen und mit etwas Olivenöl beträufeln, danach im Backofen bei 160°C ca. 5 Minuten weich garen.

Für den Sud von getrockneten Tomaten alle Zutaten miteinander aufkochen und zur Hälfte reduzieren lassen, gut abschmecken und zur Seite stellen.

Die Forellenfilets mit Meersalz oder Salzmischung würzen, danach in einer heissen Bratpfanne mit der Butter und Olivenöl kurz auf beiden Seiten anbraten, anschliessend warmstellen und mit Alufolie zudecken. Die Forellenfilets sollten nur halb gegart sein.

Anrichten

Bohnenragout in einem eher tiefen Teller anrichten, mit Tomatensud umgeben, die Forellenfilets und die Cherrytomaten darauf legen, mit ganzem Dill garnieren und servieren.

Geschmorte Haxe von der Lammschulter

Andreas Baselgia

Zutaten

Rezept für 4 Personen

4		Haxen vom Lamm (250 – 300 g)
150	g	Karotten
150	g	Zwiebeln
2		Knoblauchzehen
70	g	Lauch
100	g	Knollensellerie
1	EL	Tomatenpüree
0,5	lt	Rotwein
50	g	Marsala
1	lt	Kalbsfond
1		Olivenöl
1		Salzmischung
1		Pfeffer aus der Mühle
1		frischer Thymian und Rosmarin
2		Lorbeerblätter
1		Kartoffelstärke

Vorbereitung

Die Haxen von Fett und Sehnen befreien. Die Haxen mit Kräuter und wenig Olivenöl marinieren und mindestens drei Stunden ziehen lassen.

Zubereitung

Die Haxen mit Salzmischung würzen und rundum gleichmässig anbraten und anschliessend aus der Pfanne nehmen. Das Gemüse anrösten und mit Tomatenpüree tomatieren. Mit Rotwein ablöschen und kurz einreduzieren, dann mit Kalbsfond auffüllen und aufkochen lassen. Die Haxen mit der Sauce in passenden Kochtopf geben. Zugedeckt bei 120° C Hitze und 60° C Dampf während 1 ½ Stunden im Umluftofen schmoren lassen. Natürlich kann man das Gericht auch im normalen Backofen schmoren. Die Garzeit ist erreicht, wenn sich die Haxe von der Stechgabel löst.
Um die Sauce fertig zu stellen, die Haxen herausnehmen. Die Sauce nochmals aufkochen, eventuell mit wenig Kartoffelstärke binden und dann passieren, abschmecken und mit Marsala verfeinern.

Anrichten

Die Lammhaxe auf einem Saucenspiegel an die Bündner Rahmpolenta anlehnen und mit Gemüse anrichten. Auch ein Kartoffelpüree passt hervorragend dazu.

Lammragout

Tin Casutt

Zutaten für das Ragout

		Rezept für 4 Personen
600	g	Lammschulter ohne Knochen
300	g	Lammbrust mit Knochen
300	g	Lammhals mit Knochen
50	g	Erdnuss- oder Sonnenblumenöl
150	g	Mirepoix, grob geschnittenes Gemüse, (Zwiebeln, zerdrückter Knoblauch, Karotten, Sellerie und Lauch)
2	dl	Veltliner (Rotwein)
3	EL	Tomatenmark
10	g	frischer Ingwer
800	g	Kalbsfond oder Bratensauce
2	EL	Marsala
1/2	TL	Salzmischung und Pfeffer aus der Mühle
1		Kikkoman Sojasauce
20	g	Butterflocken
1	TL	Petersilie gehackt
1		Gewürzsäcklein mit: 1 Lorbeerblatt, 1 Nelke, 1/2 TL Pfefferkörner zerdrückt, 1/2 TL Wacholderbeeren und 1 Salbeiblatt

Zutaten für die Gemüseeinlage

60	g	Karotten
60	g	Knollensellerie
60	g	Lauch
80	g	Zwiebeln
400	g	Weisskohl
50	g	Kochbutter
1		Salzmischung

Vorbereitung

Das Lammfleisch mit den Knochen vom Metzger in 3 cm grosse Stücke schneiden bzw. sägen lassen. Das Lammschulterfleisch ebenfalls in 3 cm grosse Stücke schneiden.
Die Karotten und den Knollensellerie für die Einlage in 3 cm lange Stäbchen oder 1 cm grosse Würfel schneiden. Die Zwiebeln, den Lauch und den Weisskohl in Rauten schneiden.

Zubereitung

Das Fleisch in einer Bratpfanne mit dem Erdnussöl auf allen Seiten gut anbraten. Das Fleisch entnehmen, das Mirepoix ohne Lauch beigeben und kurz mitrösten. Den Lauch erst im letzten Moment beigeben. Das Tomatenmark leicht mitrösten und für 2-3 Minuten während ständigem Rühren mitdünsten. Mit dem Veltliner ablöschen und mit dem Kalbsfond auffüllen. Die Flüssigkeit sollte das Fleisch praktisch zudecken. Gewürzsäcklein und den grob geschnittenen Ingwer beigeben und in passendem Geschirr im Ofen bei 140° C etwa 1 3/4 Stunden schmoren.
Die Garstufe des Fleisches kann mit dem Abschneiden von ein paar Fleischstücken festgestellt werden, oder sobald sich das Fleisch leicht von den Knochen löst. Das Fleisch von der Sauce entfernen und die Sauce durch ein feines Sieb passieren.
Für die Gemüseeinlage zuerst den Knollensellerie und die Karotten in Kochbutter dünsten und in einen anderen Kochtopf geben. Den Lauch, die Zwiebeln und den Weisskohl ebenfalls dünsten. Um ein Verkochen des Gemüses zu umgehen, müssen als erstes während 5 Min. die Karotten und der Knollensellerie, mit Wasser zugedeckt, gekocht werden. Nachher die Zwiebeln, den Weisskohl und den Lauch dazugeben, würzen und alles zugedeckt weich kochen. Das Gemüse sollte aber nicht verkocht sein und darf ein wenig „Biss" haben.
Die Gemüseeinlage zusammen mit dem Fleisch zur aufgekochten Sauce geben, mit Sojasauce, Marsala, Pfeffer aus der Mühle, und wenn nötig mit Salzmischung abschmecken und mit den Butterflocken verfeinern.

Anrichten

Den Eintopf in der Mitte des Tellers anrichten und mit gehackter Petersilie garnieren. Als Beilage zum Umlegen empfehlen wir Ihnen Polenta oder einen Kartoffelstock, grüne Bohnen oder Blattspinat.

Rahmroulade „Tata“

Tin Casutt

Zutaten

Rezept für 4 Personen

6		Eier
250	g	Kristallzucker
250	g	Haselnüsse, gemahlen
30	g	Staubzucker
5	dl	Vollrahm

Hotel Casutt • Lisbeth und Tin Casutt
7130 Ilanz • Glennerstrasse 20
Tel. +41 (0)81 925 11 31 • www.hotelcasutt.ch

Zubereitung

Die Eier und den Zucker schaumig schlagen und die gemahlenen Haselnüsse darunterziehen. Auf ein passendes Backblech gut gebuttertes Backpapier legen und den cremigen Teig 1 cm dick darauf verteilen. Im vorgeheizten Backofen bei 180°C auf mittlerer Schiene während 20 Minuten backen. Das Backgut nach Ende der Backzeit ebenfalls mit gut gebuttertem Backpapier bedecken und auf ein gleich grosses Backblech stürzen, um so die erste Backpapierfolie vorsichtig vom heissen Rouladenteig abziehen zu können. Den Biskuit mit der gleichen Backpapierfolie nochmals abdecken, um so ein Austrocknen zu verhindern. Wenn der Teig abgekühlt ist, den geschlagenen und ungezuckerten Rahm gleichmässig darauf verteilen und mit Hilfe des Backpapiers nach und nach vorsichtig zu einer Roulade rollen.
Die Roulade mit viel Staubzucker bestäuben und quer in beliebig dicke Scheiben schneiden.

Tipp

Die Rahmroulade passt hervorragend zu Kaffee oder Tee.

Legende verwendeter Abkürzungen und Ausdrücke

Rudolf Pazeller

g	=	Gramm
kg	=	Kilogramm
ml	=	Mililiter
cl	=	Zentiliter
dl	=	Deziliter
lt	=	Liter
TL	=	Teelöffel
EL	=	Esslöffel
MSP	=	Messerspitze
TK	=	Tiefkühlkost
i. Tr.	=	in der Trockenmasse
Bd.	=	Bund
Prise	=	eine Prise ist etwa soviel, wie man zwischen Daumen und Zeigefinger halten kann
1	=	1 Prise (Salzmischung oder Pfeffer aus der Mühle etc.) je nach Geschmack
Schuss	=	ca. 10 g
a	=	zu je, pro
ca.	=	ungefähr
ev./evtl.	=	eventuell
d. h.	=	das heisst
Min.	=	Minuten
Kochtyp A	=	festkochende Kartoffelsorte z.B. für Kartoffelsalat (Nicola, Charlotte)
Kochtyp B	=	vorwiegend festkochende Kartoffelsorte z.B. für Bratkartoffeln (Agata)

Legende verwendeter Abkürzungen und Ausdrücke

Rudolf Pazeller

A

abflämmen = Abbrennen von Zucker mit einem Gasflämmer, oder auch Entfernen von Flaumenfedern bei Geflügel
ablöschen = Schnelles Aufgiessen von angebratenen Lebensmitteln mit Wasser, Wein, Fond oder Ähnlichem
abschäumen = Entfernen von Trübstoffen (Eiweiss) bei Brühen und Fonds, die sich beim Kochen an der Oberfläche sammeln, mit Hilfe eines Schöpflöffels oder Schaumkelle
abschrecken = Unterbrechen des Garprozesses durch Abkühlen in Eiswasser
al dente = Gekochtes Lebensmittel mit Biss
anschwitzen/anziehen = In Fettstoff andünsten ohne Farbe zu nehmen
aufmontieren = Einrühren von kalter Butter in fast kochenden Suppen und Saucen bis die Butter aufgelöst ist, dadurch entsteht eine leichte Bindung und ein besserer Glanz
auslegen = Auskleiden von Formen mit Teig, Speck, Schinken, usw.

B

bestäuben = Formen, Lebensmittel oder Arbeitsflächen mit Mehl bestreuen
binden = Mit Stärke, Eiern, Gelatine eine Speise eindicken
blanchieren = Kurzes Kochen in Salzwasser, um Bitterstoffe und Unreinheiten zu entfernen
Beurre noisette = siehe Nussbutter
Beurre manié = Teig aus 2 Teilen kalter Butter und 3 Teilen Weissmehl zum Nachbinden von Suppen, Saucen oder sonstiges Eindicken von Flüssigkeiten

C

Cognac = Weissweinbrand aus der Stadt Cognac in Frankreich
Consommé = Geklärte Rinderbrühe
Coulis = Eingekochtes Gemüse- oder Früchtepüree
Cutter = Elektrischer Zerhacker von Lebensmitteln für Farcen

D

dämpfen = Ohne Beigabe von Flüssigkeit im Wasserdampf garen
dünsten = Garen in eigenem Saft und wenig Fettstoff bei schwacher Hitze
dressieren = Anrichten von Speisen mit einem Spritzbeutel/ Dressiersack
Demi-glace = gebundene Fleischsauce oder Bratensauce

E

entfetten = Entfernen der Fettschicht mit Hilfe eines Löffels und Küchenpapier bei Saucen, Brühen und Fonds
Entrecôte = Rücken/ Zwischenrippenstück meistens vom Rind und Hirsch

Legende verwendeter Abkürzungen und Ausdrücke

Rudolf Pazeller

F

Farce = Masse aus sehr fein gemixtem Fleisch/ Fisch im Cutter und Zugabe von Rahm und Gewürzen für Füllungen
flambieren = Anzünden von hochprozentigem Alkohol in Lebensmitteln
Fond = Brühe und Basis, die durch Auskochen von Knochen und Ähnlichem entsteht
im Faden = Flüssigkeiten wie Öl oder Butter in einem ganz dünnen Strahl zum Lebensmittel hinzufügen und gut vermengen

G

garnieren = Dekorativ eine Speise verschönern
geklärte Butter = Auskochen von Butter, um Molke, Eiweiss und Wasser zu entfernen, ohne Verfärbung und durch ein Tuch passiert
Gewürzsäcklein = Gewürze in einem kleinen, geschlossenen Tuch oder auch Teefilter eingepackt
glacieren/glasieren = Abglänzen von Lebensmitteln schwenkend mit Zucker, Butter oder Glasuren
gratinieren = Überbacken von Speisen durch sehr hohe Oberhitze im Salamander oder Backofen
glasig = Richtige Garstufe von Fisch und Meeresfrüchten
Julienne = Feingeschnittene Streifen in der Länge einer Esslöffelbreite von Gemüsen oder Garnituren
Jus = Ungebundener Bratensaft oder reduzierter brauner Fond

K

karamellisieren = Gleichzeitiges trockenes Schmelzen und Bräunen von Zucker in einem Kochgeschirr
Karkassen = Knochen von Geflügel zum Kochen für Fonds und Brühe
Kerntemperatur = Mit einem Kerntemperaturmesser in die Mitte des Lebensmittels stechen, und so die aktuelle Temperatur messen
klären = Vorsichtiges Kochen von Fonds, Brühen mit gehacktem Rindfleisch und Eiweiss. Trübstoffe werden dadurch entfernt und die Flüssigkeit wird klar.
köcheln = Langsames und längeres Kochen auf mittlerer Hitze, ca.90°C
Kochtyp = Einteilung von Kartoffeln nach Stärkeanteil

L

leise köcheln = Langsames Kochen ohne zu reduzieren auf schwacher Hitze, ca. 85°C
Löffelprobe = Löffel in die heisse Flüssigkeit halten. Die Rundseite muss mit Sauce bedeckt sein. Mit dem Zeigefinger in der Mitte der Breite nach über den Löffel streichen. Somit wird die Sauce in 2 Teile getrennt.
Wenn die obere Hälfte erst nach einer Weile nach unten läuft, hat die Sauce oder Suppe die gewünschte Dicke erreicht.

M

Madeira = Starker Wein (ca 20%) von der Insel Madeira in Portugal
marinieren = Einlegen von Fleisch, Fisch, Gemüsen mit Kräutern und Gewürzen in Öl evtl. Zitronensaft, Essig, Wein
Marsala = Sehr dunkler, kräftiger Wein (ca. 20 %) aus Italien/Sizilien
melieren = Siehe bestäuben; oder auch vorsichtiges Unterheben von geschlagenem Rahm und Eiweiss
Mirepoix = Nussgross geschnittenes Wurzelgemüse zum Anrösten für braune Fonds, Saucen und Schmorgerichten

Legende verwendeter Abkürzungen und Ausdrücke

Rudolf Pazeller

N

nappieren = Gerichte, Lebensmittel mit Sauce überziehen

Nadelprobe = Mit einer Nadel in die Mitte des Lebensmittels stechen, herausziehen und an die Oberlippe halten. Dadurch wird getestet, wie warm oder gar das Produkt ist. Temperatur der Lippe beträgt ca. 37°C.

Nussbutter = Beurre noisette, braune Butter. Butter wird in einer Bratpfanne solange erhitzt bis sie leicht bräunlich ist und nach Röstaromen und Nüssen riecht.

Noilly Prat = Französischer Wermut auf Weissweinbasis

P

panieren = Fleisch, Fisch und Gemüse in Mehl, Ei und Panierbrot/Paniermehl wenden

Panierbrot/Paniermehl = Feingeriebenes, trockenes, weisses Brot oder Semmeln

parfümieren = Mit Alkohol oder aromatischer Flüssigkeit leicht verfeinern

parieren = Entfernen von Sehnen, Fett und Haut bei Fleischstücken

Parüren = Entfernte Sehnen, Fett und Haut von Fleischstücken

passieren = Abgiessen und Sieben von Flüssigkeiten, evtl. auch mit Tuch

Pfanne ausbrennen = Eisenpfanne (kein Teflon oder Chromstahl) mit Wasser gut reinigen, trocknen und erhitzen. Ein altes Küchentuch zu einer Kugel formen und mit 2 EL Salz die heisse Pfanne tüchtig reiben, bis sich alles von der Pfanne gelöst hat. Salz komplett entfernen (Achtung: Brandgefahr). 1 kleine Kelle Öl in die heisse Pfanne geben und verteilen. Öl entfernen und die Pfanne mit Küchenpapier abglänzen. Nun ist sie gebrauchsfertig und die Speisen „kleben" nicht an.

pochieren = Vorsichtiges Garen auf dem Siedepunkt in wenig Flüssigkeit; im Wasserbad langsam garen; Eier in viel Wasser mit Essig pochieren

R

reduzieren = Einkochen von Flüssigkeiten um z. B. eine dickere Sauce zu erhalten oder um den Eigengeschmack zu verstärken

Roux = Mehlschwitze aus heisser Butter und Weissmehl

S

Salzmischung = Mit Pfeffer, Paprika und Streuwürze gewürztes Salz für jeglichen Gebrauch von fast allen Lebensmitteln, ausser mit sehr heller Grundfarbe und Kochwasser

sautieren = Schnelles und kurzes Anbraten in heissem Fettstoff

Schmetterlingsschnitt = Schneiden von rohem Fleisch für gefüllte, kurzgebratene Tellergerichte, indem man einen ersten dünnen Schnitt in das Fleischstück nicht ganz durchzieht und den zweiten vollständig ausführt

schmoren = Garen von Fleischstücken in einem Kochgeschirr mit Sauce bis 2/3 vom Fleisch bedeckt

Siedepunkt = Ca. 80°C, kurz vor dem Kochpunkt

Spiegel = Sauce auf einen Teller anrichten

Legende verwendeter Abkürzungen und Ausdrücke

Rudolf Pazeller

T

temperieren = Schokolade bei einer Temperatur von 32°C langsam schmelzen

tournieren = Gemüse mit einem Messer eine spezielle dekorative Form geben

Tranche = Scheiben

tranchieren = zubereitete Fleischstücke in Scheiben aufteilen

W

wässern = Fleisch und Fisch länger unter fliessendem Wasser ausspülen, um das Blut und möglichen Fremdgeschmack (bei Nieren und Schweinenetz) zu entfernen

Wasserbad = Ein mit heissem Wasser gefülltes Kochgeschirr, um Saucen und Desserts langsam zu erhitzen und nicht zum Kochen zu bringen; auch zum Warmhalten von Speisen gedacht. Speisen (in Schüssel) dürfen nicht in direkter Berührung mit dem Wasser sein. Das Wasser darf nicht kochen. Ca. 80°C.

Wolf = Elektrisches Gerät zum Zerkleinern von Fleisch durch eine Lochscheibe (gewolft, wolfen)

Z

Zesten = hauchdünne abgeschabte Schale von gewaschenen Zitrusfrüchten, meist kurz gekocht, zum verfeinern von Saucen und Desserts

zur Rose abziehen = Crememasse mit Rahm und Ei im Wasserbad erwärmen, so dass sie auf dem Kochlöffel leicht angedickt liegen bleibt. Bläst man auf den Löffel, entsteht eine kleine Rose.

Allegra a tuots

Eir scha'l bivgnaint in lingua rumantscha vain pür a la fin dal cudesch, vain el tant plü da cour.

Eu speresch gugent da pudair far grond plaschair a tuot quellas e quels chi aman la cuschina. Eu sper chi predschan e giodan da pudair cuschinar tenor ün recept e finalmaing da pudair far cun quel lur agen trat tenor lur gust. Eu giavüsch bun success!

La cuschina ha üna funcziun principala: Plü bod, cur cha las mangiativas deiran s-charsas, vaivan ils pasts il scopo da sadular, da quietar la fom e da dar l'energia necessaria per accumplir ils dovairs dal minchadi. Quai vala per blers amo adüna.

Quella jada, sco eir hoz, es la chadafö il cour da la chasa, il lö dal salüd e dal bainvgnü: la località ingio chi regna buna temperatura, ingio chi vain baderlà e cuschinà. Ün lö da curturella, da cumpagnia, da fantasia culinarica per far plaschair a corp ed orma dals conumans.
I nu sto adüna esser sachè, eir cun pac as poja far bler. La cuschina es ün cuostaivel dun iertà.

La stüva prüvada serviva da plü bod e vain dovrada amo hoz per gnir insembel cun confamigliars, cun parantella, cun amis, cun vaschins o giasts. Quel lö ingio cha'ls trats bain preparats gnittan o vegnan celebrats, scha pussibel accumpagnats d'ün bun süerv. L'amicizcha vain chürada, problems vegnan scholts. Eir hozindi stess la stüva e sia maisada cun ün bun mangiar ed ün vin chi s'affà esser il lö da la pasch o fatta per far tala.

Tuot il bun

Vos cuschinunz
Rudolf M. Pazeller

"opera viva"
Obersaxen - Surselva - Graubünden

Die Grundidee, die Oper zum Volk zu bringen, ist mitunter auch das Ziel von opera viva. Nun, wie kam es zu dieser mittlerweile erfolgreichen Institution?

Wie viele Anlässe in Obersaxen findet auch die opera viva ihren Anfang in der Galerie Mirer. In dieser wunderbaren Umgebung entstehen Gespräche und Austausch von Ideen, als ob man vom Werk von Rudolf Mirer geradezu inspiriert würde. So kam es irgendwann während des Jahres 2004, auch zur Aussage von Thomas Mirer, er wolle gerne das kulturelle Leben in Obersaxen, und nicht nur in Obersaxen, erweitern. Man könnte doch einen Anlass kreieren, welcher sowohl die Kultur als auch die Kulturschaffenden, wie auch den Tourismus in unserer Region fördern würde. So entstand die Idee einer Opernaufführung. Erstens könnte dadurch diese wunderbare Kunstform näher zum Volk gebracht werden und zweitens entsteht eine Plattform für Kulturschaffende. Enthusiastisch gingen alle ans Werk. Projekte wurden geschmiedet, gefeilt und wieder fallengelassen, wie auch die Idee eines Opernfestivals unter freiem Himmel, da die Witterung in unseren Bergen zu unsicher ist. So wurde dann "das Zelt" als geeignete Einrichtung für das erste Sommerfestival gefunden, welches nach intensiver Strukturierung und Vorbereitung im Sommer 2006 mit der Oper I LOMBARDI von Giuseppe Verdi debütierte. Es war ein grosser Erfolg. Somit konnte an der Einrichtung "das Zelt" mit allem was dazu gehört weiterhin festhalten werden. Neben der Operaufführung können die Gäste auch ein feines Nachtessen vor dem Opernspektakel geniessen. Es folgten dann in den Jahren 2007 die Aufführungen der Opern MOSES von Gioacchino Rossini und 2008 L'ELISIR D'AMORE von Gaetano Donizetti. Im Jahr 2009 legte opera viva eine Pause ein. In dieser Zeit wurden gewisse Neustrukturierungen vorgenommen. An der Grundidee wurde jedoch weiterhin festgehalten. Die Fortsetzung folgte im Jahre 2010 mit der Oper NABUCCO von Giuseppe Verdi. Es war natürlich sehr erfreulich, dass die Aufführungen immer vor ausverkauftem Haus stattfinden konnten und somit von grossem Erfolg gekrönt waren.
Neben den Sommerfestivals organisiert opera viva auch die jährlichen Konzerte zum Jahresausklang, welche ebenfalls zu einem festen Bestandteil des Kulturangebots geworden sind. Aus der beigelegten CD können ein paar Eindrücke der bisherigen Produktionen angehört werden. Es handelt sich dabei um Live-Aufnahmen. Dies soll auch eine Begleitmusik zum Ausprobieren der Rezepte sein. Viel Spass bei "Kochen und Hören".

Opera viva – Liveausschnitte – 2006 bis 2010

Giuseppe Verdi *1813 – 1901*

I LOMBARDI

1. Oh nobile esempio
2. A te nell'oro infausta
3. La bella straniera
4. Gerusalem
5. O Signore, dal tetto natio
6. Te lodiamo, gran Dio di vittoria

Gioacchino Rossini *1792 – 1868*

MOSES

7. Ah! Dell'empio
8. Voci di giubilo
9. Dal tuo stellato soglio

Gaetano Donizetti *1797 – 1848*

L'ELISIR D'AMORE

10. Bel conforto al mietitore
11. Io son ricco e tu sei bella
12. Una furtiva lagrima

Giuseppe Verdi

NABUCCO

13. Gli arredi festivi
14. Lo vedeste?
15. S'appressan gl'istanti
16. Va, pensiero, sull'ali dorate
17. Immenso Jeovha

ISBN: 978-3-905744-31-6

2. Auflage 2011

Herausgeber:
Graubünden Exclusiv
CH-7007 Chur
www.exclusiv.ch

Südostschweiz Buchverlag
CH-8750 Glarus
www.suedostschweiz-buchverlag.ch

Galerie R. Mirer
CH-7133 Obersaxen Affeir
www.artmirer.com

Umsetzung Kochrezepte / Produktdesign
Rudolf, Daniela, Gian-Andrea und Natalia Pazeller, Andreas Heidenreich

mitwirkende Köche
Andreas Heidenreich, Ursina Bischoff, Mario da Cruz und Rudolf Pazeller

Fotografie Produktaufnahmen:
Konstantinos Tsoutsaios